LÍNEA DE TIEMPO I

PANORAMA HISTÓRICO DE LA BIBLIA

- Formato
  (selección de eventos y versículos, cronología, subtítulos, resúmenes)
  por Claudia Jappe-Gómez
- Ilustraciones
  por MaryEllen Graves

PHB no pretende usar ni cronologías ni fechas exactas; éstas son aproximadas. Serán solamente un punto de partida para estudios futuros de cada lector.

©Copyright 2018 Claudia Gomez. Todos los derechos reservados.
Amparado por los derechos de copyright internacional. Prohibida la reproducción

La ilustradora consultó tanto las narraciones de la Biblia como las fuentes de información secular, incluyendo imágenes de personas famosas (por ejemplo, Julio César) en monedas o estatuas, y el tipo de vestimenta de culturas de aquellos tiempos.

Textos bíblicos utilizados: Los pasajes que han sido incluidos en esta Línea de Tiempo Ilustrada son de la versión Reina Valera (RVR 1960). Este curso lleva al alumno a leer y a estudiar las Sagradas Escrituras. Motivamos a los alumnos a ver cada cita mencionada en su propia Biblia. Queda en manos del alumno y de los maestros utilizar la versión que tengan a la mano.

La Línea de Tiempo Ilustrada se utiliza en ambos cursos (Año 1 y 2). Todos estos productos están ligados.

Panorama Histórico de la Biblia se conoce con las siglas "PHB" por quienes lo estudian. El LINK es http://www.phbiblia.com para aquellos que lo estudian en línea. El "primer año" contiene la serie de cursos 1, 2, y 3. Cada curso se extiende a través de 13 semanas. De manera similar, el segundo año contiene la serie de cursos 4, 5, y 6.

Agradecimientos: La autora, Claudia Jappe-Gómez agradece la participación especial de MaryEllen Graves, ilustradora de los más de 200 dibujos que componen el complemento de PHB, es decir, La Línea de Tiempo Ilustrada -- Panorama Histórico de la Biblia. Los datos biográficos de la ilustradora, MaryEllen Graves, aparecen en la última página de este libro. También el esposo de Claudia Jappe-Gómez, Leslie M. Gómez, ha colaborado en la preparación de este proyecto para su publicación. Además se ha contado con la valiosa aportación de Dina Amaya.

Dedicatoria: La autora desea dedicar esta obra para la gloria de Dios, y reconocer que sus padres, Fred y Kay Jappe, han sido clave en la formación de sus principios y en su aportación en múltiples maneras.

Contacto: Para aclarar alguna duda, o pedir materiales inéditos, se puede contactar al email: claudiakjappe@gmail.com

El libro La Línea de Tiempo Ilustrada -- Panorama Histórico de la Biblia aparece en dos formatos, distribuido a través de tiendas virtuales...

impreso
eBook

Número ISBN
ISBN-13: 978-1547026487
ISBN-10: 1547026480

Categoría: Vida cristiana, Biblia, Crecimiento Personal

Instrucciones para el uso de la Línea de Tiempo Ilustrada PHB

La Biblia es larga. Las ediciones impresas usualmente tienen entre mil y mil quinientas páginas. Sin embargo, con diligencia y disciplina, Dios quiere que tratemos de recordar las historias y enseñanzas básicas en toda la Biblia. Por eso fue creada esta Línea de Tiempo Ilustrada y forma parte del libro de texto Panorama Histórico de la Biblia: Un estudio integral y cronológico de la misma autora, Claudia Jappe-Gómez. Dicho libro se ha publicado en dos tomos.

Esta línea de tiempo contiene más de 200 dibujos escogidos para ayudar al alumno a recordar el esquema de las historias bíblicas (digamos las "más importantes"). Al ver el subtítulo asignado en cada uno de estos dibujos, y al buscar la cita bíblica correspondiente, se pretende impulsar al alumno a recordar las historias que él o ella ha leído anteriormente. Al utilizar la línea de tiempo de un curso al otro (seis en total) el alumno irá ampliando su resumen, cada vez más extenso, de todas las historias básicas de la Biblia. ¿Qué es un resumen? Veamos una definición: *"El resumen es la exposición breve de lo esencial de un tema o materia, tanto efectuada de manera oral como escrita."**

En el proceso de hacer un resumen, los alumnos a veces tendrán cierto temor de omitir alguna información registrada en la Biblia. Pero en la misma Biblia tenemos ejemplos de resúmenes de sus historias en las que no se da toda la información de la fuente original. Aquí hay tres ejemplos:

a. Salmo 78 hace un resumen de la historia desde Moisés hasta David en 72 versículos.
b. En Hechos 7 el primer mártir, Esteban, hace un resumen de la historia desde Abraham hasta Salomón en 50 versículos.
c. En Hebreos 11, el autor hace un resumen desde la creación del mundo hasta más allá de los profetas en 40 versículos.

Obviamente dichos resúmenes no contienen todos los detalles. Entonces, cada alumno **debe escoger** lo que es importante e interesante recordar o contar de cada dibujo, y entre un dibujo y el siguiente. En el caso de los dos dibujos que tratan de la historia de Adán y Eva, algunos querrán comentar que Eva fue engañada, pero Adán pecó a sabiendas. Otros dirán que una consecuencia del pecado era este comentario divino dirigido a Eva *"...tu deseo será para tu marido y él se enseñoreará de ti."* (Génesis 3:16) Otros querrán elaborar sobre los paralelismos enseñados en PHB acerca de la Época Edénica. Pero ninguno debe decir **todo** lo que pasó entre un dibujo y otro (¡aunque tenga una memoria fotográfica!)

La Biblia que normalmente usamos no está presentada en orden cronológico. Por eso es importante captar esa cronología con esta herramienta de dibujos. Al usar la Línea de Tiempo Ilustrada de PHB y al desarrollar los resúmenes (sea mentalmente o por escrito) se aprenden las historias en el orden de los acontecimientos. Consecuentemente tiene más sentido porque el alumno puede reflexionar sobre los resultados de las acciones tomadas individualmente y como nación (Israel). Aprende a reducir la historia de cada personaje bíblico en solamente pocas frases concisas, concentrándote en cuál historia viene antes y cuál después.

---

*http://conceptodefinicion.de/resumen

El alumno aplicado querrá repasar los dibujos de la Línea de Tiempo PHB cada semana....tal vez apartando quince minutos para hacerlo. Además, si hay un grupo de alumnos que juntos están tomando PHB, al terminar el nuevo estudio se recomienda oralmente tomar turnos para repasar estos dibujos. La autora de PHB ha recomendado comenzar con la Línea de Tiempo Ilustrada en Curso 1, Estudio 2.

Además de los dibujos, en esta línea de tiempo hay pergaminos describiendo el autor, el contenido histórico y el tema de cada uno de los 66 libros de la Biblia. También cada época correspondiente usada en PHB es anotada junto con algunos datos significativos.

En conclusión, lo más importante a destacar en una presentación oral o escrita es recordar las historias bíblicas en secuencia. Las ayudas explicadas a continuación son secundarias.

Explicaciones de los Símbolos de la Línea de Tiempo Ilustrada

1. Para seguir la cronología de los eventos básicos seleccionados en los dibujos, sigue el orden numérico que aparecerá en cada página. Los números que aparecen en un cuadrado o rectángulo color azul van avanzando, con el evento más antiguo y continuando hasta el más moderno. | 55 |

2. En esta línea de tiempo hay algunos años citados que los eruditos han calculado. Acuérdate que antes de Cristo, los números de los años van en decreciente (por ej., 40 a.C. es más antiguo que 14 a.C.), y después de Cristo van en creciente (14 d.C. es más antiguo que 40 d.C.)

3. Todas las ilustraciones vienen con un subtítulo en **negritas.**

4. La mayoría de las ilustraciones vienen con uno o más versículos que representan el contenido de lo dibujado. *A veces los dibujos tienen eventos de varios tiempos compuestos (por ej., el dibujo de Caín y Abel). Otro ejemplo es el que comúnmente se expresa al tener a los pastores junto con los magos de oriente visitando la escena de Natividad. Esto es a pesar de que sabemos que la visita de los magos fue mucho después, no en el establo sino en una casa... (Lee Mateo 2:11)*

5. Los resúmenes de cada libro de la Biblia están dentro en un rollo antiguo o pergamino, y también enseñanzas bíblicas importantes como, por ejemplo, los diez mandamientos.

5. Las explicaciones escogidas de cada época en los cursos de PHB se dan entre un rectángulo de esquinas ovaladas como esta:

Curso 1
PHB Época Edénica

(El número del curso está en negro, el nombre de la época en azul. Otros títulos varían en color para destacar lo más importante.)

LA CREACIÓN DEL UNIVERSO

(o de los multiuniversos)

POR LO MENOS 6 MIL AÑOS* ANTES DEL TIEMPO ACTUAL

(Tal vez millones de años antes, porque un día para el Señor es como mil años y porque algunos de los primeros capítulos de Génesis están escritos en poesía hebrea ...)

El Verbo de Dios

"En el principio creó Dios los cielos y la tierra. Y la tierra estaba desordenada y vacía, y las tinieblas estaban sobre la faz del abismo, y el Espíritu de Dios se movía sobre la faz de las aguas. Y dijo Dios: *'Sea la luz; y fue la luz.'*" Génesis 1: 1-3

"En el principio era el Verbo... Todas las cosas por él fueron hechas..." Juan 1:1,3

_____

* 5,778 años en 2017 (según el calendario judío)

GÉNESIS

Autor: Atribuido a Moisés
Fecha en que fue escrito: Tal vez entre 1,500 y 1,200 a.C.
Destinatarios: Los israelitas
Contenido: La creación del universo, la creación de la humanidad y las primeras civilizaciones, la formación del pueblo de Dios…es decir las historias de los patriarcas Abraham, Isaac, Jacob y José.
Tema: Los comienzos

Curso 1
La Época Edénica
Los Paralelismos

1. **Creados en inocencia y excelencia y puestos en el Huerto de Edén**
2. Cita Diaria, produjo íntima comunión con Dios
3. Al ser tentados, el pecado produjo separación
4. Se ocultaron de Dios, tratando de encubrir su pecado con "vestimenta humana"
5. Dios derramó sangre y les dio una "vestimenta divina"
6. Dios les mandó "maldiciones"
7. Dios les dio una "promesa" de bendición
8. **Expulsados del Huerto del Edén, y pierden su pureza y excelencia**

Adán y Eva en el Huerto de Edén
Génesis 1:27-28

Adán y Eva expulsados del huerto Génesis 3:21-23

Curso 1
La Época Antediluviana y el Diluvio

3

Caín tomó la decisión de matar a Abel
Génesis 4:3-8

4

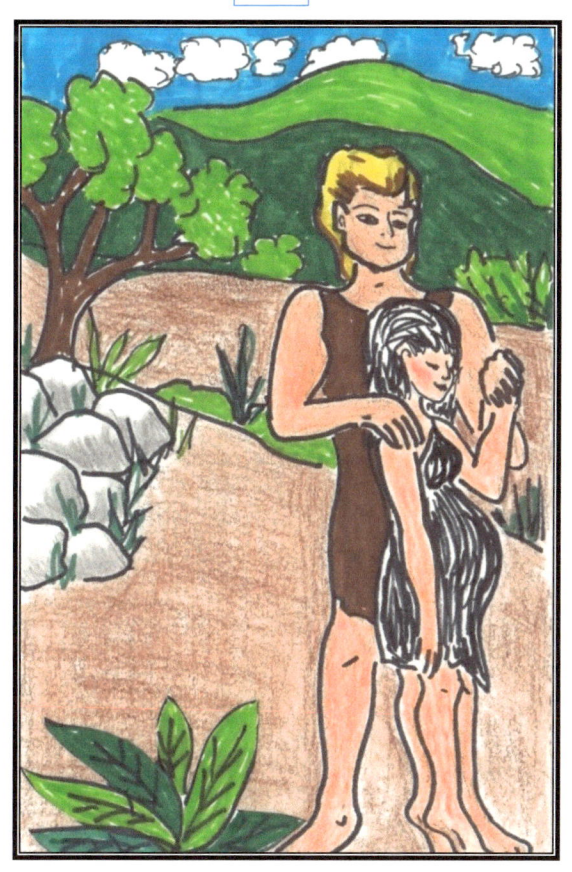

Los hijos de Dios tomaron para sí mismos hijas hermosas de los hombres
Génesis 6:1-6

5

Noé mostró su fe al construir el arca y fue justificado por ella
Génesis 6:13-14

Curso 1
La Época Postdiluviana

6

Con la señal del arcoíris Dios prometió sostener la tierra hasta el fin y no enviar otro diluvio mundial   Génesis 9:13

7

Migración de los hijos de Noé... Cam fue rumbo a África, Jafet fue rumbo a Europa, Sem fue rumbo al oriente
Génesis 10:1, 10:32

8

La torre de Babel mostró lo que puede hacer la humanidad para bien o para mal si decide unirse   Génesis 11:6-9

Curso 1
La Época Patriarcal — PHB

Abraham tuvo 100 años y Sara 90 al nacer el hijo de la promesa   Génesis 21: 1-3

Abram fue llamado a una gran misión: "Vete de tu tierra...a la tierra que te mostraré"
Génesis 12:1-4
(Alrededor de 2000 años a.C.)

Hubo problemas en la familia de Abraham, a razón de su esposa Sara y su sirvienta Agar
Génesis 21: 9-10

Ismael, el padre de los árabes, fue expulsado del hogar de Abraham. Pero Dios tuvo cuidado de Agar e Ismael. En este evento Ismael ya tenía por lo menos trece años   Génesis 21:17-19

13 La fe de Abraham fue probada: "No extiendas tu mano sobre el muchacho"
Génesis 22:11-13

14 Los amigos de Job vinieron a consolarle
Job 1:9-12, 2:11   *(Se piensa que Job vivió en el mismo tiempo que Isaac, pero que el libro de Job pudo haber sido escrito muchos siglos después. Por eso esta lámina es duplicada en la 91.)*

15 El siervo de Abraham recibió ayuda divina para traer a la futura esposa Rebeca a Isaac
Génesis 24:45-48

16 Rebeca consultó a Dios al sentir a sus hijos Esaú y Jacob luchando aún dentro de su vientre
Génesis 25:19-26

11

Esaú mostró su indiferencia a valores importantes cuando vendió la primogenitura a Jacob por algo de tan poco valor
Génesis 25:29-33

Jacob hizo trampa para obtener la bendición de su padre, y por lo tanto Esaú lo odió
Génesis 27:22-23, 41

Jacob aprendió que Dios estaba en el lugar en donde durmió cuando iba escapando de Esaú. Soñó con una escalera de ángeles en Betel, que quiere decir "La Casa de Dios" Génesis 28:11-12

12

20 — Jacob llegó a la casa de su tío Labán en Harán. Se casó con sus dos hijas Lea y Raquel   Génesis 29:10-31

21 — Jacob decidió volver a la Tierra Prometida con sus doce hijos y su hija Dina
Génesis 31:1-4

22 — Al escuchar que Esaú iba a encontrarlo con 400 hombres, Jacob preparó a su familia y luego luchó con un varón de Dios   Génesis 32:24-26

Jacob = Israel = Él que perseveró en la pelea y prevaleció con Dios (hasta obtener su bendición)

23 — Hubo reconciliación entre Jacob y Esaú
Génesis 33:8

24

Los hermanos de José lo odiaron aún más cuando éste les contó sus sueños de superioridad Génesis 37:6-8

25

José, vendido por sus hermanos, llegó a Egipto a la casa de Potifar como esclavo
Génesis 39:1-7

26

Los hermanos de José se inclinaron ante él en cumplimiento de los sueños recibidos en su juventud
Génesis 42:6

27

José recibió a su padre en Gosén
Génesis 46:29-31

Curso 1
La Época de la Liberación (después de 400 años de esclavitud en Egipto)

ÉXODO
Autor: Atribuido a Moisés
Fecha en que fue escrito: Tal vez entre 1,500 y 1,200 a.C.
Destinatarios: Los israelitas
Contenido: Liberación de la esclavitud y formación de la nación por medio de un pacto
Tema: La libertad y las leyes de Dios

28

La hija de Faraón salvó la vida de Moisés
Éxodo 2:5-9

29

La hija del Faraón adoptó a Moisés, y éste tuvo múltiples beneficios al crecer bajo su cuidado
Éxodo 2:10, Hebreos 11:24-26

30. Al matar a un egipcio, Moisés huyó a Madián. Después de muchos años, Dios le llamó a salvar a Israel de la esclavitud para llevarlo a la Tierra Prometida   Éxodo 2:11-12 , 3:3-8

31. Dios envió diez plagas en total, para convencer a Faraón que liberara a su pueblo
Éxodo 12:29-31

32. El ángel de Dios perdonó a todos quienes habían puesto la sangre del cordero pascual en los postes de las puertas   Éxodo 12:7-13

33. Dios salvó a su pueblo y les guió para escapar de los ejércitos egipcios al cruzar por el Mar Rojo en seco   Éxodo 14:21-28

Curso 1
La Época Legal

LEVÍTICO
Autor: Atribuido a Moisés
Fecha en que fue escrito: Tal vez entre 1,500 y 1,200 a.C.
Destinatarios: Los israelitas
Contenido: Manual de los levitas y sacerdotes de cómo llevar a cabo los sacrificios
Tema: Sin derramamiento de sangre, no hay remisión de pecados

34

La base de la Ley de Dios es Los Diez Mandamientos   Éxodo 20:1-17

35

El arca del testimonio se ponía en el Lugar Santísimo del tabernáculo   Éxodo 25:10-18
(El tabernáculo era el lugar en donde el pueblo podía acercarse a Dios por medio de sacrificios)

10 MANDAMIENTOS
1. Dios primero y único
2. Ningún ídolo
3. El nombre de Dios es especial
4. Séptimo día santo descanso
5. Honra a tus padres
6. No matarás
7. Esposo(a) solamente
8. No hurtarás
9. No darás falso testimonio
10. Satisfecho con lo que Dios te da

7 FESTIVALES:
1. Sábado
2. Pascua y Panes
3. Primicias
4. Pentecostés
5. Trompetas
6. Perdón
7. Tabernáculos

Curso 1
La Época de la Anteconquista

NÚMEROS
Autor: Atribuido a Moisés
Fecha en que fue escrito: Tal vez entre 1,500 y 1,200 a.C.
Destinatarios: Los israelitas
Contenido: Censos, viajes y eventos en el desierto, diez murmuraciones
Tema: La paciencia de Dios tiene su límite

36
Después de cuidar, formar y probar a su pueblo por dos años en el desierto, éstos se rebelaron contra Dios. El voto de diez espías fue negativo, por lo que no procedió la conquista. Dios decidió castigarlos por 40 años
Números 13:30-33

37
Al terminar los 40 años, Dios decidió trabajar con la nueva generación y así cumplir su promesa a Abraham. Por lo tanto Jehová instó a Balaam a no maldecir a su pueblo
Números 22:28-35, 23:25-26

38

Después de conquistar la tierra al oriente del río Jordán, a Moisés no le fue permitido entrar en la Tierra Prometida al occidente del río Jordán, y eso por haberle desobedecido y por haberse igualado a Dios. Moisés la contempló desde el Monte Nebo. Deuteronomio 32: 48-52, 34:1

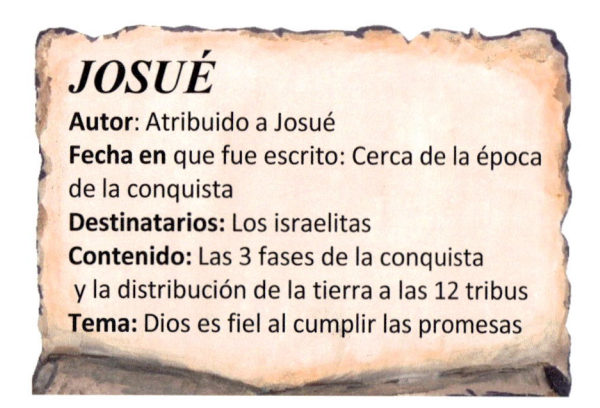

DEUTERONOMIO
Autor: Atribuido a Moisés
Fecha en que fue escrito: Tal vez entre 1,500 y 1,200 a.C.
Destinatarios: Los israelitas
Contenido: Sermones y repetición de la Ley a la nueva generación
Tema: La obediencia a Dios produce bendiciones

Curso 2 — La Época de la Conquista (PHB)

JOSUÉ
Autor: Atribuido a Josué
Fecha en que fue escrito: Cerca de la época de la conquista
Destinatarios: Los israelitas
Contenido: Las 3 fases de la conquista y la distribución de la tierra a las 12 tribus
Tema: Dios es fiel al cumplir las promesas

39

Josué envió a dos espías a Jericó. Rahab los ocultó arriba en su casa y decidió unirse con el pueblo de Dios. *"Sé que Jehová os ha dado esta tierra…"* Josué 2:8-9

40 Dios ayudó al pueblo a cruzar el río Jordán. Tomaron 12 piedras de en medio del Jordán para poder recordar el evento. Después fueron circuncidados en Gilgal   Josué 4:1-3

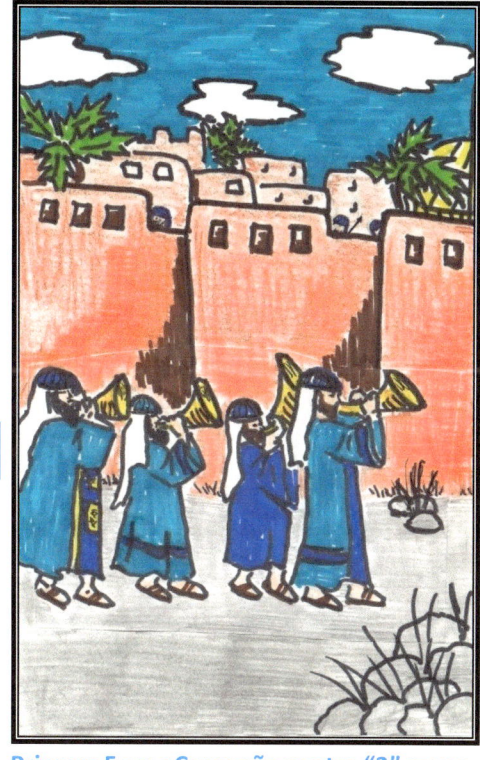

41 Primera Fase : Campaña contra "3" reyes en el centro   Dios mostró su poder en la toma de Jericó, la primera ciudad conquistada   Josué 6:1-4, 20-22

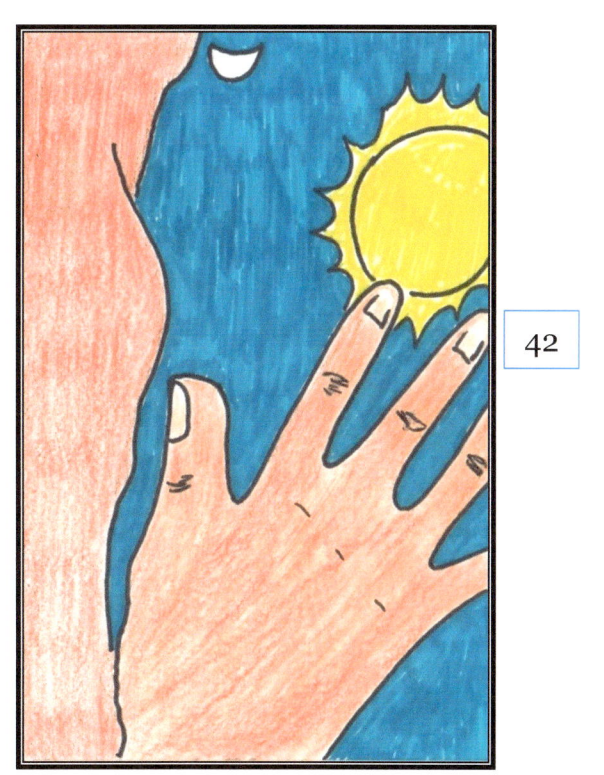

42 Segunda Fase: Campaña contra "5" reyes en el Sur   Dios hizo un gran milagro durante la campaña contra los reyes de la alianza del sur. *"...Sol, detente en Gabaón, Y tú, luna, en el valle de Ajalón"*   Josué 10:6, 12-13

43 Tercera Fase: Campaña contra "3 " reyes en el Norte   *"Únicamente a Hazor quemó Josué."* Después la tierra fue repartida Josué 11:13

JUECES

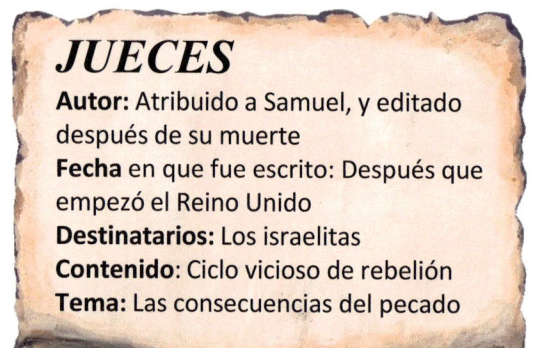

Autor: Atribuido a Samuel, y editado después de su muerte
Fecha en que fue escrito: Después que empezó el Reino Unido
Destinatarios: Los israelitas
Contenido: Ciclo vicioso de rebelión
Tema: Las consecuencias del pecado

Curso 2
La Época de los Jueces
Ciclo vicioso:
DESOBEDIENCIA
CASTIGO
CLAMOR
NUEVO LÍDER

44

El primer juez fue Otoniel quien se casó con Acsa Jueces 1:13, 3:9-10

45

Aod libertó a Israel de Eglón, rey de Moab
Jueces 3:21, 26-30

46

Aquel día cantó Débora con Barac..."Load a Jehová" Jueces 4:4-6, 5:1-2

21

47 Gedeón pidió de Dios la señal del vellón
Jueces 6:38-40, 8:22-23

48 Después del desafortunado voto, la hija de Jefté salió a recibirle Jueces 11:34-35
(Ve Jeremías 32:35)

49 Sansón fuerte para con los hombres: mató a mil con una quijada de asno   Jueces 15:15-16

50 Sansón débil para con las mujeres paganas
Jueces 16:1-4

RUT

Autor: Atribuido a Samuel, y editado después de su muerte
Fecha en que fue escrito: Tal vez durante el Reino Unido
Destinatarios: Los israelitas
Contenido: La historia de la moabita Rut, bisabuela del rey David
Temas: Las bendiciones de la providencia de Dios y el amor entre la familia

51

La familia feliz: Booz, Rut y Noemí con el bebé Obed. Obed fue abuelo del rey David
Rut 4:13-22

52

Ana derramó su alma delante de Jehová, y Dios le respondió a su petición dándole varios hijos. El primero era Samuel
I Samuel 1:15-16, 26-28

53

I y II SAMUEL

Autor: Atribuidos a Samuel, y editados después de su muerte
Fecha en que fue escrito: Después de la división del reino
Destinatarios: Los israelitas
Contenido: Del nacimiento de Samuel a los últimos días del rey David
Tema: La providencia de Dios y la responsabilidad del pueblo de Dios y de sus gobernantes

Elí entendió que Jehová había llamado a Samuel, y aceptó que Dios le iba a castigar por no disciplinar a sus hijos malos. Samuel llegó a ser un tipo de Cristo funcionando como profeta, sacerdote y juez
1 Samuel 3:8-21

Curso 2
La Época del Reino Unido

54

55

El primer rey fue escogido. El pueblo clamó *"Viva el rey Saúl"* y Samuel recitó las leyes del reino
1 Samuel 10:24-25

El rey Saúl no ponía atención a las direcciones de Dios. Samuel dijo al rey Saúl: *"Locamente has hecho..."*
1 Samuel 13:10-13

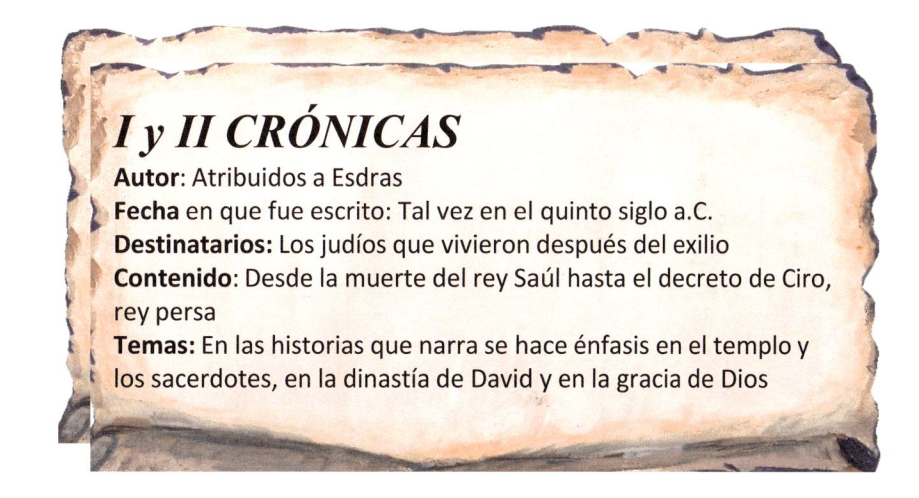

I y II CRÓNICAS

Autor: Atribuidos a Esdras
Fecha en que fue escrito: Tal vez en el quinto siglo a.C.
Destinatarios: Los judíos que vivieron después del exilio
Contenido: Desde la muerte del rey Saúl hasta el decreto de Ciro, rey persa
Temas: En las historias que narra se hace énfasis en el templo y los sacerdotes, en la dinastía de David y en la gracia de Dios

Alrededor de 1000 años a.C.:
*"Libro de la genealogía de Jesucristo, **hijo de David**, hijo de Abraham..."* Mateo 1:1

56

David mostró mucha fe y lealtad a Dios en su juventud. *"Tú vienes a mí con espada y lanza y jabalina, mas yo vengo a ti en el nombre de Jehová..."* Lea I Samuel 17:45-47

57

Siendo adulto maduro, David se olvidó de su primer amor. Envió David y tomó a Betsabé, esposa de Urías   II Samuel 11:3-4

58

Por haber expresado el deseo de construir a Dios "una casa"...es decir, un templo hermoso, Dios prometió establecerle a David "una casa," es decir una dinastía
II Samuel 7:1-18

Curso 3
La Época del Reino Unido

I y II REYES

Autor: Atribuidos a Jeremías, y editado después de su muerte
Fecha en que fue escrito: Tal vez en el siglo sexto a.C.
Destinatarios: Los israelitas
Contenido: Desde el final de la vida de David hasta la liberación del rey Joaquín en Babilonia
Temas: En las historias narradas se hace énfasis en el rol de los profetas y en el cumplimiento de las profecías hechas. Además destaca la Ley de Moisés

59 Salomón agradó a Dios pidiendo sabiduría para gobernar al pueblo de Dios. I Reyes 3:3-10

60 Salomón construyó y dedicó el primer templo de los judíos. Las dos columnas del templo de Salomón fueron nombradas "Jaquín" *(Dios establece)* y "Boaz" *(Dios viene en poder)* I Reyes 7:21, 8:63-66

61 A pesar de pedir sabiduría de Dios, Salomón se descuidó, y sus mujeres extranjeras le inclinaron su corazón tras dioses ajenos. I Reyes 11:4

La Literatura del Reino Unido

SALMOS
Autor: Casi la mitad de los salmos fueron escritos por David mismo
Fecha en que fueron escritos: Durante distintas épocas
Destinatarios: Los israelitas
Contenido: 150 cantos dirigidos hacia o acerca de Dios.
Tema: Devoción y confianza en Dios a pesar de las circunstancias de la vida

PROVERBIOS
Autor: Muchos de estos proverbios fueron escritos por Salomón mismo
Fecha en que la mayoría fueron escritos: después de 1000 años a.C.
Destinatarios: Los israelitas
Contenido: Casi 900 proverbios de literatura *sapiencial*, es decir la que se trata de la sabiduría práctica para poder vivir una vida digna
Tema: Los valores de la vida

ECLESIASTÉS
Autor: Es atribuido a Salomón
Fecha en que fue escrito: después de 1000 años a.C.
Destinatarios: Una asamblea de israelitas
Contenido: Salomón probó diferentes filosofías una por una.
Tema: Toda es vanidad si es probada fuera de la voluntad divina

CANTARES
Autor: Atribuido a, o acerca de, Salomón
Fecha en que fue escrito: después de 1000 años a.C.
Destinatarios: Los israelitas
Contenido: Cantos o poesías de amor entre un hombre y la esposa; simboliza el amor entre Dios y su pueblo
Tema: Amor y entrega

PHB

Estadísticas del Reino Dividido:

El Reino del Norte tuvo 19 reyes, todos malos (excepto tal vez Jehú). Duró "250" años y fue conquistado por los asirios en 722 a.C. El Reino del Sur también tuvo 19 reyes, (además de la usurpadora Atalía). Algunos de estos reyes fueron llamados buenos. Duró "400" años y fue conquistado por los babilonios en 586 a.C.

Curso 3
La Época del **Comienzo** del Reino Dividido

62 — El primer rey Roboam, hijo de Salomón, no escuchó el clamor del pueblo y el reino se dividió según fue profetizado   I Reyes 12:12-17

63 — A pesar de ser escogido de Dios, Jeroboam, el primer rey del Reino del Norte, fue rebelde   I Reyes 13:4-5

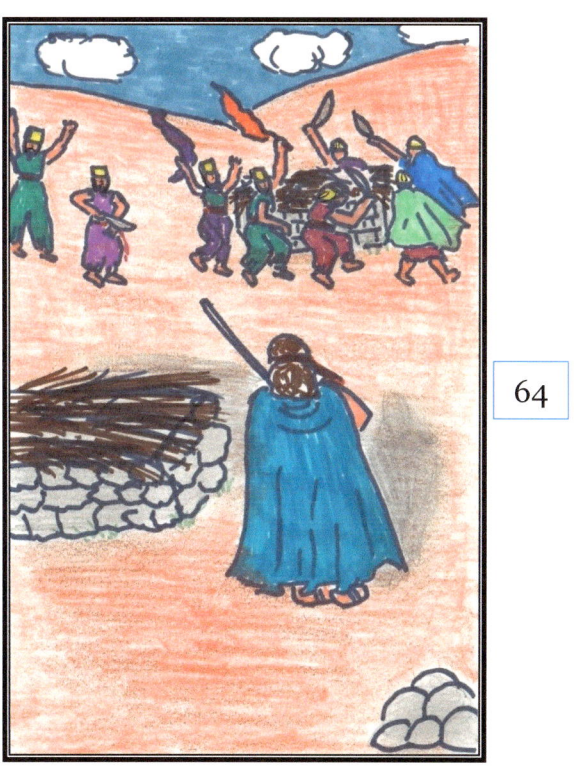

64 — El profeta Elías se burló de los profetas de Baal   I Reyes 18:27-39

65 — Eliseo vio cuando Elías fue llevado en un torbellino al cielo   II Reyes 2:10-14

66 — La sunamita pidió a su esposo hacer un aposento para Eliseo   II Reyes 4:8-10

67 — El profeta Joel habló de una plaga de langostas   Joel 1:4-5

68 — El profeta Abdías anunció que Dios había reprochado a Edom cuando éste maltrató a Israel   Abdías 12-13

JOEL
Autor: Atribuido a Joel el profeta
Fecha en que fue escrito: tradicionalmente en el siglo noveno a.C., pero como no está ligado con fechas de reyes, no se sabe
Destinatarios: Los israelitas
Contenido y ADR*: Joel jura que vendrá una plaga de langostas, y saber esto nos debe "jalar" hacia Dios.
Tema: En las crisis debemos acercarnos aún más a Dios

ABDÍAS
Autor: Atribuido al profeta Abdías
Fecha en que fue escrito: Como no está ligado con fechas de reyes, no se sabe
Destinatarios: Edomitas e israelitas
Contenido y ADR: Días de destrucción sobre Edom, por haber maltratado a su hermano Israel
Tema: Dios no quiere violencia entre hermanos

*ADR = Ayuda Didáctica Relacional

Curso 3
La Época de la Continuación del Reino Dividido (Norte)

JONÁS

Autor: Atribuido al profeta Jonás mismo
Fecha en que fue escrito: Tal vez en el siglo octavo a.C.
Destinatarios: Los israelitas
Contenido y ADR: *Jonás hace una jornada larga hacia la obediencia y el amor a los enemigos*
Tema: Misionero…Debemos preocuparnos por la vida espiritual aún de los enemigos

69

"Pero Jehová tenía preparado un gran pez que tragase a Jonás…"   Jonás 1:17

70

Jonás no tuvo misericordia del pueblo de Nínive cuando este se arrepintió
Jonás 4:10-11

Curso 3
La Época de la **Continuación** del Reino Dividido (Norte)

Curso 4
La Época de la **Continuación** del Reino Dividido (Sur)

Se piensa que estos cuatro profetas eran contemporáneos:

71 — El profeta Oseas se casó con una mujer fornicaria para mostrar como sufría Dios con la infidelidad de su pueblo. Oseas 1:2-3

72 — El profeta Isaías predijo de la virgen que iba a concebir. Isaías 7:14

73 — El profeta Amós predicó contra la injusticia social... Aún se vendía a un pobre al precio de un par de zapatos. Amós 2:6

74 — El profeta Miqueas profetizó que el Mesías nacería en Belén: *"Pero tú, Belén Efrata, pequeña para estar entre las familias de Judá, de ti me saldrá el que será Señor en Israel..."* Miqueas 5:2

Isaías es llamado "el Profeta Evangélico" por ser su libro citado tantas veces en el Nuevo Testamento. Su libro es como una Biblia en miniatura, 39 capítulos que hablan de la justicia de Dios, y 27 que hablan de la misericordia y gracia de Dios.

75

Isaías predijo el nombre del emperador, Ciro, que dejaría volver a los judíos a la tierra prometida… ¡por lo menos cien años antes de que se cumpliera!
Isaías 44:28

76

Isaías predijo mucho de los últimos tiempos: por ejemplo, profetizó que las bestias salvajes morarán en paz con animales domesticados.
Isaías 11:6-8, 65:25

La Literatura de los Cuatro Profetas Contemporáneos:

OSEAS
Autor: Oseas el profeta
Fecha en que fue escrito: Siglo octavo a.C.
Destinatarios: Los israelitas
Contenido y ADR: *"O sea, te acepto si me eres fiel, si no, habrá consecuencias."* Gomer, la esposa del profeta le fue infiel, e incluso unos de los hijos de su hogar no fue engendrado por él. Sin embargo, Oseas sigue mostrándole afecto y ofreciéndole una nueva oportunidad.
Tema: El amor incondicional pero demandante de Dios.

ISAÍAS
Autor: Isaías el profeta
(hay teorías que hay más de un Isaías...)
Fecha en que fue escrito: Siglo octavo a.C.
Destinatarios: Los israelitas
Contenido: Contiene seis cantos del Siervo Sufriente. Isaías fue llamado "evangelista" por tantas referencias de este libro en el Nuevo Testamento. Predijo el nacimiento del Mesías de una virgen y anunció el nombre de Ciro más de cien años antes de que él viviera.
Tema: Esperanza en el Señor que es justo y cumple promesas.

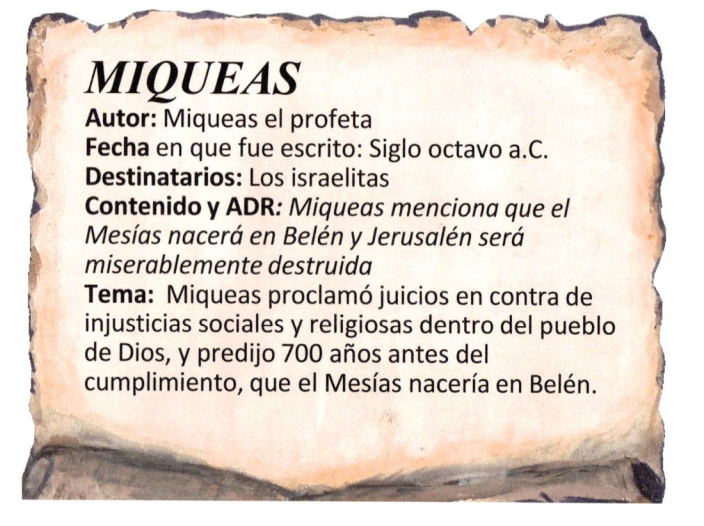

AMÓS
Autor: El profeta Amós
Fecha en que fue escrito: Siglo octavo a.C.
Destinatarios: El reino del norte
Contenido y ADR: *A mostrar injusticias sociales e hipocresías religiosas...* Juicios contra 7 naciones y también contra Israel
Tema: La justicia de Dios se cumplirá.

MIQUEAS
Autor: Miqueas el profeta
Fecha en que fue escrito: Siglo octavo a.C.
Destinatarios: Los israelitas
Contenido y ADR: *Miqueas menciona que el Mesías nacerá en Belén y Jerusalén será miserablemente destruida*
Tema: Miqueas proclamó juicios en contra de injusticias sociales y religiosas dentro del pueblo de Dios, y predijo 700 años antes del cumplimiento, que el Mesías nacería en Belén.

Asiria conquistó al Reino del Norte en 722 a.C..

Curso 4
La Época de la Continuación del Reino Dividido (Sur)

NAHUM
Autor: El profeta Nahúm
Fecha en que fue escrito: Tal vez 50 años antes de la destrucción de Nínive, capital de Asiria, que fue destruida en 612 a.C.
Destinatarios: Los israelitas y cualquier otro interesado
Contenido y ADR: *Nahúm narra la destrucción de Nínive...* castigo justo por todos los crímenes que cometieron
Tema: Juicio y justicia divina

77 — El profeta Nahúm anunció que Jehová es vengador de sus adversarios (los de Nínive, capital de Asiria)   Nahúm 1:1-2

SOFONÍAS
Autor: El profeta Sofonías, lejano primo del rey Josías
Fecha en que fue escrito: Entre 640 y 612 a.C., y durante el reinado del rey Josías
Destinatarios: Los israelitas del Reino del Sur
Contenido y ADR: *Sinfonía Siniestra del Último Día.*
El pueblo de Dios debe contemplar lo serio y grave que serán los últimos tiempos...
Tema: El Último Día y la salvación de Dios

78 — El profeta Sofonías anunció lo que Dios dijo: *"Destruiré por completo todas las cosas de sobre la faz de la tierra..."*   Sofonías 1:2

Curso 4
La **Conclusión** de la Época del Reino Dividido...
El **Antecautiverio**
Habacuc y Jeremías ministraron en **Jerusalén**

79 — Josías fue coronado rey a la edad de ocho años. El buen rey Josías y sus tres descendientes fueron Joacaz, Joacim, y Sedequías Matanías quienes reinaron durante el Antecautiverio   II Reyes 22:1

HABACUC
Autor: El profeta Habacuc
Fecha en que fue escrito: Antes de 605 a.C.
Destinatarios: Los israelitas en el Reino del Sur
Contenido y ADR: *Aunque no haya ni habas ni higos, de todos modos me regocijaré y confiaré en Dios*. Habacuc cuestionó el proceder de Dios, pero finalmente escogió vivir por fe, pasara lo que pasara
Tema: "El justo por su fe vivirá"

81 — El rey Joacim quemó los rollos de Jeremías
Jeremías 36:1-6, 22-28

80 — Dios avisó al profeta Habacuc que vendrían los babilonios a destruir muchas naciones, incluyendo el Reino del Sur
Habacuc 1:5-6

Jeremías lloraba al contemplar el cautiverio venidero del pueblo de Dios, a consecuencia de no escuchar a sus mensajes Jeremías 13:17

JEREMÍAS
Autor: El profeta Jeremías
Fecha en que fue escrito: Después de 605 y antes de 516 a.C.
Destinatarios: Los israelitas del Reino del Sur
Contenido: Juicios contra varias naciones, exhortaciones, profecías, incluyendo que el exilio duraría 70 años, y datos autobiográficos
Tema: Esperanza para el futuro y el nuevo pacto

Jeremías trató de convencer al último rey Sedequías de obedecer el consejo de Dios
Jeremías 38:15

El rey Sedequías escogió desobedecer el consejo de Dios. Entonces sucedió exactamente como había profetizado Ezequiel: el rey de Babilonia mandó a sacarle los ojos (después de matar a sus hijos)
Ezequiel 12: 12-13, Jeremías 52:10-11

36

Jeremías predijo 70 años de exilio en Babilonia Jeremías 25:11, Daniel 9:1-2

85

Daniel y sus amigos eran fieles a Dios aún lejos de Israel. Daniel 1:11-15

86

PHB

Curso 4
La **Conclusión** de la Época del Reino Dividido
El Cautiverio y el Exilio
Daniel y Ezequiel ministraron en Babilonia

LAS 3 FASES DEL EXILIO:
1. Daniel y la nobleza (Rey Joacim)
2. Ezequiel y los 10 mil (Rey Joaquín)
3. El templo quemado (Rey Sedequías)
(Las 3 fases acontecieron en un lapso de 20 años)

DANIEL
Autor: El hombre de estado y profeta llamado Daniel
Fecha en que fue escrito: Siglo seis a.C.
Destinatarios: El pueblo de Dios presente y futuro
Contenido: Datos biográficos, visiones y profecías. Se destacan estos tres: A. La Estatua de 4 metales que evidentemente representa Babilonia, Medo-Persa, Grecia y Roma, B. El macho cabrío que evidentemente representa a Alejandro el Magno, y C. el Anciano de Días que evidentemente representa a Jesucristo
Tema: La providencia y soberanía de Dios en la historia de la humanidad

87

Daniel interpretó el sueño del la gran imagen de 4 metales Daniel 2:31-46

EZEQUIEL
Autor: Ezequiel el profeta
Fecha en que fue escrito: Siglo seis a.C.
Destinatarios: El pueblo de Dios presente y futuro
Contenido: Actos simbólicos raros, juicios, datos biográficos, visiones y profecías. Se destacan la visión de la gloria de Dios en las ruedas y seres vivientes, la visión de la gloria de Dios saliendo del templo, la visión de los huesos secos, y la visión del nuevo templo todavía no construido
Tema: La providencia y soberanía de Dios en la historia de la humanidad

LAMENTACIONES
Autor: Atribuido a Jeremías
Fecha en que fue escrito: Después de 586 a.C. y probablemente antes de 516 a.C.
Destinatarios: Los israelitas
Contenido: Cinco poemas que describen la destrucción de Jerusalén y su templo y también la desilusión de Jeremías
Tema: Expresar lamentación a Dios

Babilonia conquistó al Reino del Sur en 586 a.C.

88
Ezequiel, el profeta que hacía animaciones extrañas y hablaba de visiones raras. *"Ezequiel, ¡profetiza sobre estos huesos!"*
Lea Ezequiel 37:1-5

89
Quemaron la Casa de Dios, 586 a.C.   II Crónicas 36:19

90
Dios salvó a Daniel del foso de los leones   Daniel 6:16-23

Curso 5 Job. La Época de la Restauración del Reino del Sur

JOB
Autor: Desconocido
Fecha en que fue escrito: Las teorías varían sobre la fecha entre el primer libro escrito de la Biblia hasta la época del exilio o más allá
Destinatarios: Creyentes en Dios
Contenido: La destrucción y la restauración de la vida de Job. El debate de la razón de estos acontecimientos entre Job y sus tres amigos, además de Eliú. Dios da su alegato final.
Tema: Solamente Dios puede ser Juez, Dios es fiel a pesar de las circunstancias duras en la vida

Aunque Job vivió en la época patriarcal, es posible que el libro de Job en su forma poética final haya sido escrito en la época del exilio. Dado tanto sufrimiento en el exilio, el relato de Job les servía como mensaje de esperanza.

La profecía de Isaías se cumplió cuando Ciro proclamó que los judíos podían volver a su nación. Zorobabel puso un altar para que los sacerdotes pudieran sacrificar en 536 a.C.
Esdras 1:1-2, Esdras 3:1-2.

El profeta Hageo regañó al pueblo por no edificar la Casa a Dios *"...Por cuanto mi casa está desierta y cada uno de vosotros corre a su propia casa..."* Hageo 1:9

HAGEO
Autor: Hageo el profeta
Fecha en que fue escrito: 520 a.C.
Destinatarios: Judíos del Reino del Sur
Contenido y ADR: *Agente Pro-Templo.* Cuatro sermones para exhortar al pueblo de Dios y seguir con la construcción del Templo de Zorobabel. Promete que la gloria de este templo será mayor que el templo anterior (...se cumplió con el templo de Herodes)
Tema: ¡No hay excusas para descuidar la Casa de Dios!

3 Fases de la Restauración dentro de 100 años:

a. Zorobabel y los 50 mil
El altar de sacrificios fue puesto en **536 a.C.**
El templo fue dedicado en **516 a.C.**
(La Reina Ester salva a su pueblo)
b. Esdras y la Ley
c. Nehemías y las murallas

94

El profeta Zacarías tuvo muchas visiones, incluyendo el rollo volante con 2 de los 10 mandamientos…
(Los 2 mandamientos para aludir a los 10…) Zacarías 5:1-4

ZACARÍAS
Autor: el profeta Zacarías
Fecha en que fue escrito: Tal vez entre 520 y 470 a.C.
Destinatarios: Los judíos que regresaron del exilio en Babilonia
Contenido y ADR: *Sacras visiones de la reconstrucción de la nación de Sion.* Comentarios y profecías del futuro cercano y lejano de la nación de Israel, especialmente del gobierno religioso combinado con el civil, y la venida del Mesías.
Tema: Revelaciones misteriosas

95

La bella Ester fue escogida como reina para cumplir los propósitos de Dios y así salvar a su pueblo del exterminio
Ester 2:17-18, 4:13-17

ESTER
Autor: Desconocido
Fecha en que fue escrito: Tal vez el siglo cinco o el cuatro a.C.
Destinatarios: El pueblo judío
Contenido: La historia de cómo la reina Ester, esposa de Asuero salvó al pueblo judío de la extinción
Tema: La providencia de Dios

96

Esdras leyó la Ley al pueblo durante varias horas   Nehemías 8:2-3

ESDRAS
Autor: Atribuido a Esdras el escriba
Fecha en que fue escrito: Siglo cinco a.C.
Destinatarios: El pueblo judío
Contenido: Historias del regreso de los cincuenta mil judíos a Jerusalén… desde el decreto de Ciro hasta el retorno de Esdras con otros "mil quinientos" judíos. También la historia de la expulsión de las esposas extranjeras
Tema: ¡Leer, creer y obedecer la Palabra de Dios!

NEHEMÍAS

Autor: Esdras el escriba; puede ser que también Nehemías el gobernador escribió este libro
Fecha en que fue escrito: Tal vez entre 430 y 420 a.C.
Destinatarios: El pueblo judío
Contenido: Historias desde el retorno de Nehemías incluyendo la edificación, dedicación del muro y purificación del templo
Tema: Lealtad al pacto de Dios, porque Dios es leal a su pueblo

97

El muro fue edificado en 52 días. Los obreros trabajaron con una mano en la construcción y en la otra tenían la espada   Nehemías 2: 17-18, 4:17

98

El último profeta del Antiguo Testamento fue Malaquías. *¿No es malo ofrecer animal ciego, cojo, o enfermo a Jehová?*
Malaquías 1:8

MALAQUÍAS

Autor: El profeta Malaquías
Fecha en que fue escrito: Tal vez después del año 425 a.C.
Destinatarios: El pueblo judío
Contenido Y ADR: *Malaquías maldice las malas ofrendas y los malos matrimonios delante de Dios. Dios promete bendecir si le ofrecemos nuestros bienes y nuestro ser. Vendrá Elías y también el Mesías.*
Tema: Examínense a ver si realmente actúan como el pueblo de Dios

El Fin del Antiguo Testamento

La Época Intertestamentaria…

que son los **"400 años de SILENCIO,"** cuando no hubo nuevas relevaciones escritas por profetas (que llegaron a ser parte del canon judío)

Clave de años: 60, 10, 100, 60, 100, 60

99

"60" años de paz persa en Judá hasta las conquistas de **Alejandro el Magno**, quien es considerado el macho cabrío de Daniel 8:5-8

100

Tesalónica, la ciudad nombrada por la media hermana de Alejandro

La ciudad de **Filipos**, nombrado por Filipo II de Macedonia, supuesto padre de Alejandro

Pella, dónde nació Alejandro

GRECIA

Alejandro salió de **Macedonia** a conquistar el mundo después que murió Filipo II. En esta línea de tiempo están anotados algunos de los lugares más importantes que visitó o conquistó.

Primero fue a lo que ahora llamamos **Turquía**….

Primera batalla contra Darío III junto al **Río Gránico**

Los de **Éfeso** dieron la bienvenida a Alejandro al garantizarles la promesa de eliminar los impuestos

TURQUÍA

La batalla de **Issos** en 333 a.C. Darío III huyó delante de Alejandro, el macho cabrío que conquistaba con gran rapidez

101

Desde el tiempo de Asuero y Ester hasta Darío III (cerca de 150 años) los persas y griegos peleaban por territorio

Para conquistar Tiro, Alejandro construyó un malecón en 7 meses para llegar a la isla

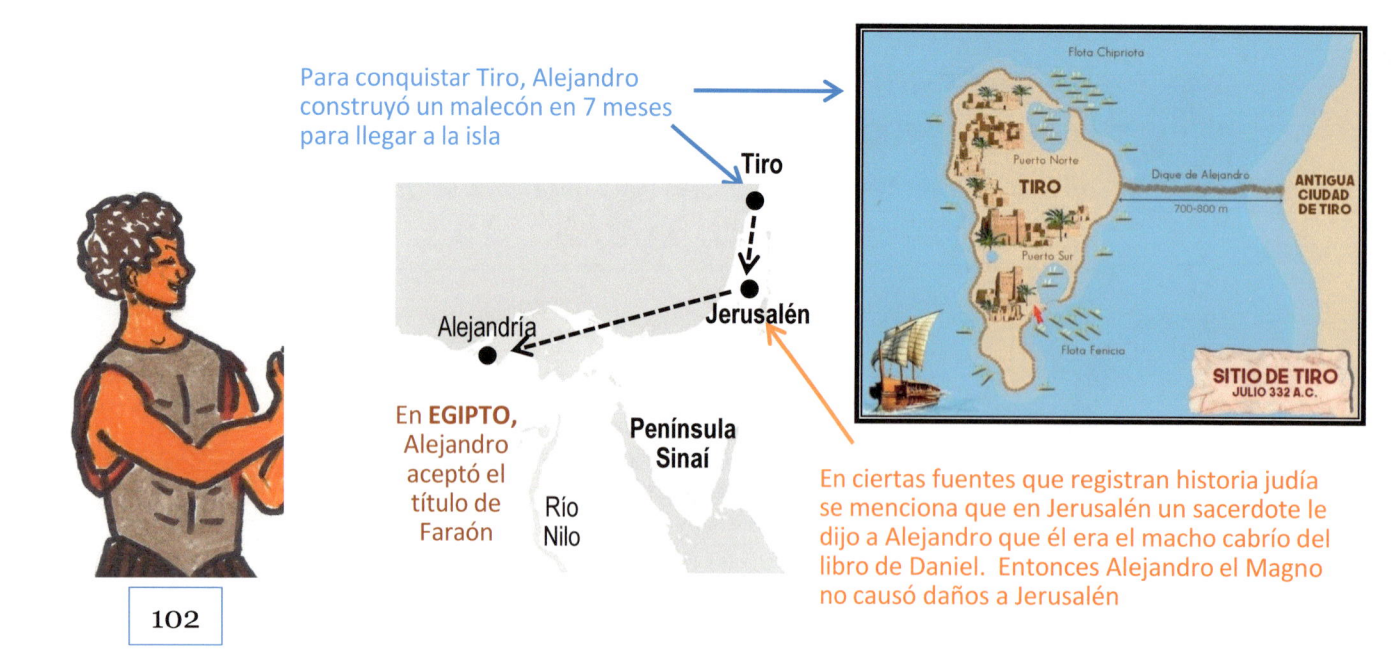

Tiro

SITIO DE TIRO JULIO 332 A.C.

En **EGIPTO**, Alejandro aceptó el título de Faraón

Península Sinaí

Río Nilo

Alejandría

Jerusalén

En ciertas fuentes que registran historia judía se menciona que en Jerusalén un sacerdote le dijo a Alejandro que él era el macho cabrío del libro de Daniel. Entonces Alejandro el Magno no causó daños a Jerusalén

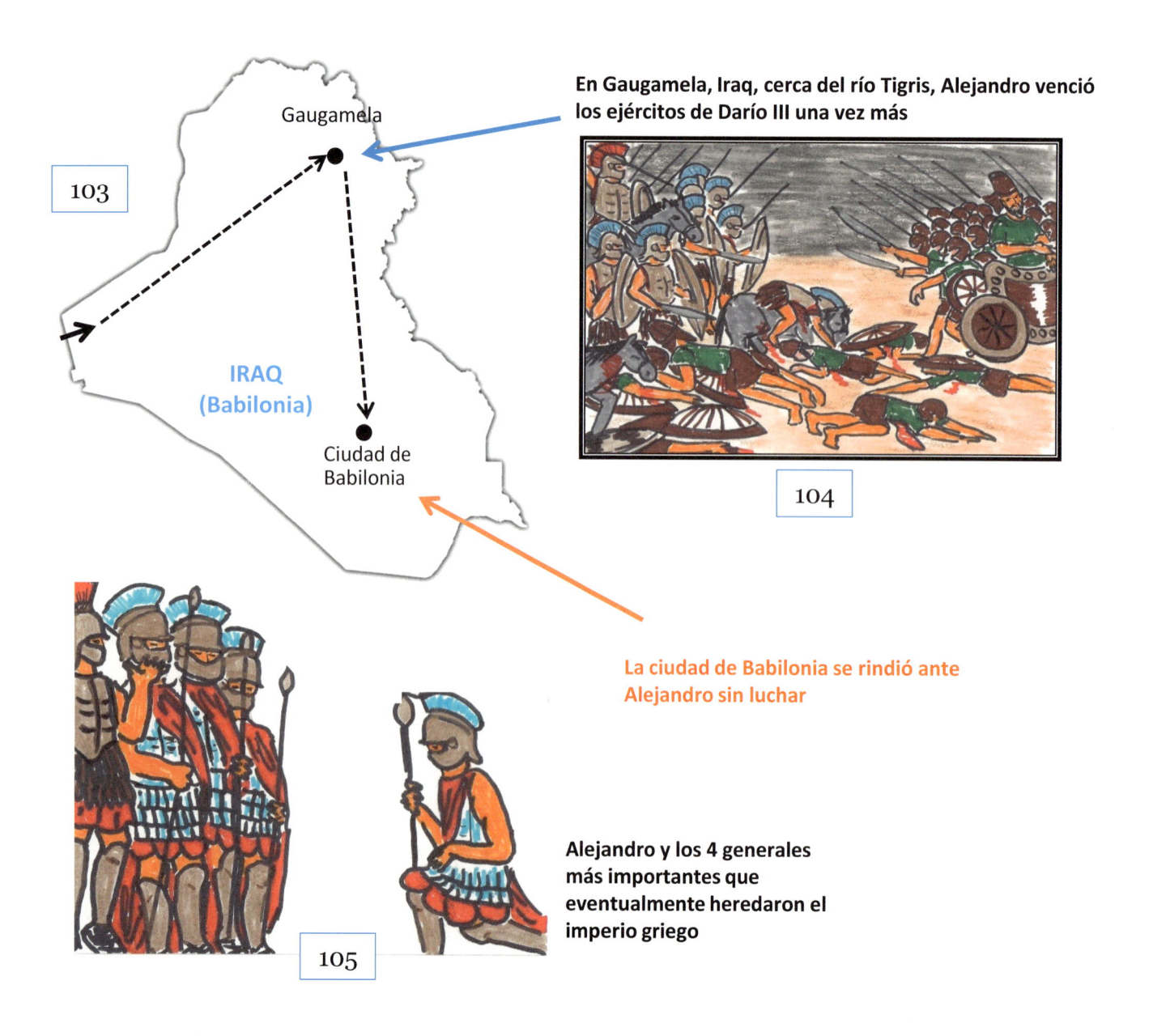

102

En Gaugamela, Iraq, cerca del río Tigris, Alejandro venció los ejércitos de Darío III una vez más

Gaugamela

IRAQ (Babilonia)

Ciudad de Babilonia

103

104

La ciudad de Babilonia se rindió ante Alejandro sin luchar

Alejandro y los 4 generales más importantes que eventualmente heredaron el imperio griego

105

Susa, donde en algún momento hubo una gran boda entre persas y griegos

IRÁN (PERSIA)

Borracho, Alejandro decidió quemar la capital de Persépolis en venganza del incendio en la ciudad de Atenas causado por los persas por lo menos un siglo antes

106

AFGANISTÁN

107

Cruzando el Río Indo, Alejandro ganó la batalla contra Poros, quien llegó contra él con elefantes. Pero Alejandro no le importaba incluir el territorio de Poros bajo dominio griego... y puso su mirada hacia la China. Fue así que se amotinaron sus ejércitos, rehusando seguirle más allá

INDIA

En la tierra que hoy es Afganistán, Alejandro se casó con Roxana, la última de sus 3 esposas "princesas persas." Por tanto sus compatriotas se enojaron con él, porque ni una de éstas era griega...

108

110

IRAQ

De regreso en Babilonia, Alejandro el Magno murió de una fiebre, pero se sospecha que había sido envenado...

109

Es posible que en venganza de los soldados que se amotinaron contra él, Alejandro hizo que muchos de sus soldados pasaran por un desierto de regreso a Grecia, donde miles de ellos murieron.

En "10" años Alejandro conquistó y reinó sobre el mundo persa.

Después de su muerte en Babilonia, las tierras conquistadas se repartieron entre cuatro de sus generales.

LOS 4 GENERALES Y SUS TERRITORIOS ERAN:

1. **Casandro...** Macedonia y áreas alrededor
2. **Lisímaco ...** Tracia y Asia Menor (la actual Turquía)
3. **Ptolomeo...** Egipto y áreas alrededor
4. **Seleuco...** Siria y áreas extensas alrededor

Por 100 años los Tolomeos tuvieron "control" sobre Judá. Usualmente trataron bien a los judíos, incluso mandaron a hacer una traducción del Antiguo Testamento al griego (conocida como la Septuaginta)

Luego, por 60 años los Seléucidas gobernaron sobre Judá. Antíoco IV trató de destruir la religión de los judíos. Algunos eruditos piensan que esto fue la abominación desoladora profetizada en Daniel 11:31

Antíoco IV

Primer Triunvirato:

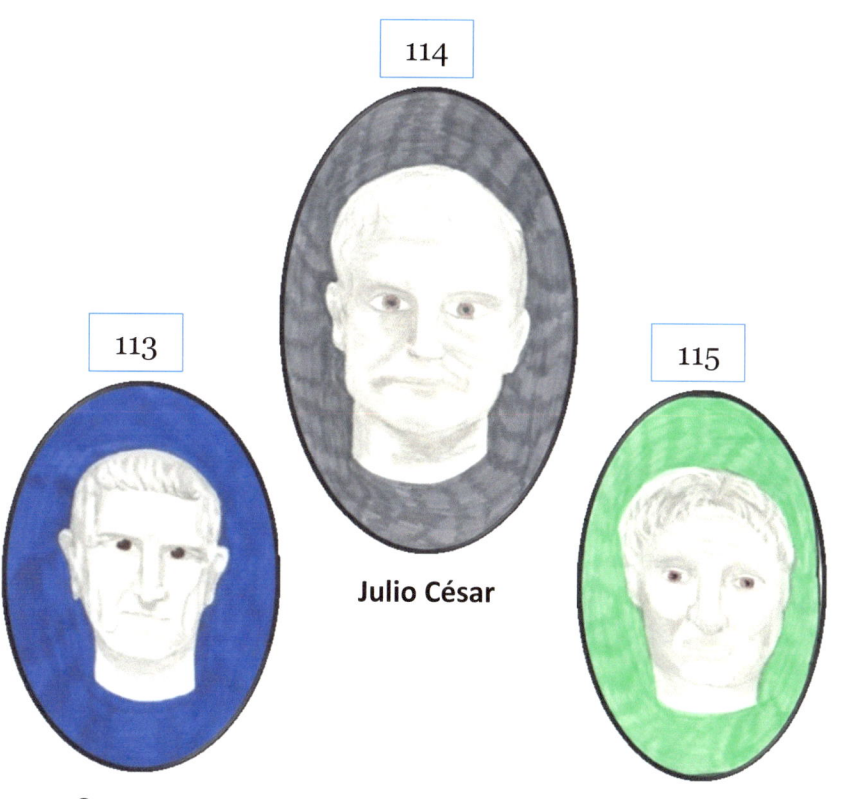

Julio César

Craso

Después de la muerte de Craso, los ejércitos de Julio César y Pompeyo lucharon en una guerra civil. Julio César ganó y gobernó hasta 44 a.C. cuando fue asesinado brutalmente por miembros del Senado

Pompeyo

… fue llamado para ayudar en la disputa entre dos Asmoneos: Hircano II y Aristóbulo II. Entonces durante la última época intertestamentaria, gobernaron los romanos en Israel por "60" años…

El sacerdote Matatías Asmonea y sus 5 hijos lucharon para liberar a los judíos del yugo de los Seléucidas. Les pusieron el apodo "los Macabeos" por el hijo que se llamaba Judas Macabeo. Al purificar el templo y restablecer los ritos, instituyeron el festival de "Hanukkah" (Jánuca). Los Asmoneos eventualmente llegaron a gobernar por 100 años hasta que Pompeyo vino a establecer presencia romana en Judea

Tanto Julio César como Marco Antonio tuvieron hijos con la
última de los Tolomeos en reinar Egipto, es decir Cleopatra VII

116   117   118   119

Julio César y Cleopatra tuvieron
un hijo que fue llamado Cesarión

Marco Antonio y Cleopatra tuvieron 3 hijos

Segundo Triunvirato:

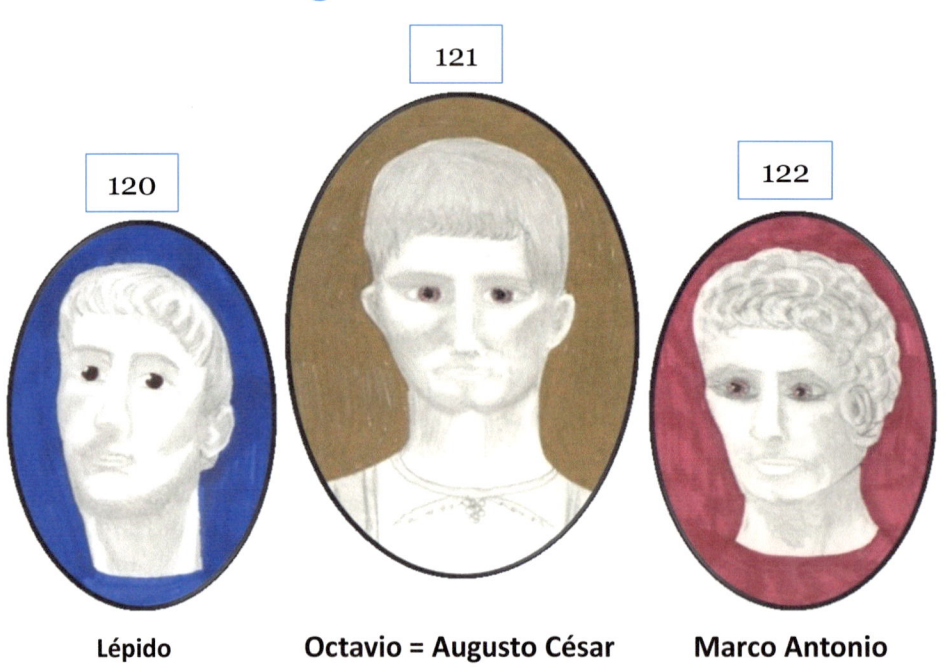

120   121   122

Lépido   Octavio = Augusto César   Marco Antonio

¡Augusto César tiene alto poder en el imperio romano por más de 50 años!

Después de que Lépido fue exiliado, hubo una guerra civil entre Octavio y Marco Antonio. En la batalla de la bahía Accio (Grecia moderna) el general Marco Agripa, bajo el mando de Octavio, pudo vencer las fuerzas navales combinadas de Marco Antonio y Cleopatra. Después Marco Antonio y Cleopatra se suicidaron, cada quien separadamente, en el año 30 a.C.

123 Herodes el Grande
124 Marco Agripa

Herodes el Grande y el general Marco Agripa eran amigos, por lo tanto dos descendientes de Herodes el Grande que gobernaron fueron nombrados Agripa: Herodes Agripa I (el Herodes de Hechos 12) y Agripa II (el Agripa de Hechos 26).

125 Herodes el Grande
126 Princesa Mariamne I

Herodes el Grande inició la gran ampliación del Templo (que existió en el tiempo de Jesucristo) en el año 18 a.C. Después de su muerte el proyecto de ampliación continuó.

127

128

PHB

Herodes fue nombrado rey de Judea por el senado romano en 40 a.C. Era renombrado por ser muy rico. Se destacó en grandes y bellas construcciones, como por ej.
a. Puerto de Cesarea
b. Templo de Herodes
c. Palacios de Masada
d. Fortaleza de Herodión
e. La Ciudad de Sebaste

Herodes el Grande se casó en 37 a.C. con la princesa asmonea Mariamne I. Éste tenía unos 36 años y Mariamne unos 20 años cuando se casaron. Aunque fuera su esposa favorita, su arrebatamiento de celos contribuyó a que ella fuera condenada a muerte. También mandó a que mataran al hermano de Mariamne y dos de sus hijos. Esta tendencia a la violencia es confirmada en Mateo 2:16 *"Herodes entonces, cuando se vio burlado por los magos, se enojó mucho, y mandó matar a todos los niños menores de dos años que había en Belén..."*

48

El Nuevo Testamento
"100" años de acontecimientos...
Primero fue la Época de las Buenas Nuevas con la vida, muerte y resurrección de Jesucristo

129

Un ángel apareció a Zacarías, el padre de Juan el Bautista, mientras él oficiaba con el incienso en el Templo
Lucas 1: 8-11 y Malaquías 4: 4-6

130

Hacía 700 años que Isaías había profetizado del nacimiento del Mesías de una virgen
Isaías 7.14

131

El ángel apareció a la virgen María en Nazaret Lucas 1:28-31

132

En sueños, a José le fue dicho que recibiera a María como esposa
Mateo 1: 18-20

133

Augusto César era el emperador romano al nacer Jesús Lucas 2:1-4

134

El nacimiento del Salvador del mundo fue en un establo y los humildes pastores celebraron su nacimiento junto con el coro celestial
Lucas 2: 4-7

135

136

El profeta Miqueas había profetizado hacía 700 años que el Mesías iba a nacer en Belén, y así fueron enviados allí por el rey Herodes el Grande. Cuando Jesús y sus padres ya vivían en una casa, vinieron los sabios de oriente a rendirle homenaje. Después, cuando el rey Herodes el Grande se dio cuenta de que había sido burlado, mandó a matar a los niños menos de 2 años en Belén. Miqueas 5.2, Mateo 2:4-8

Jesús aprendió el oficio de la carpintería con su padre adoptivo José Marcos 6:3

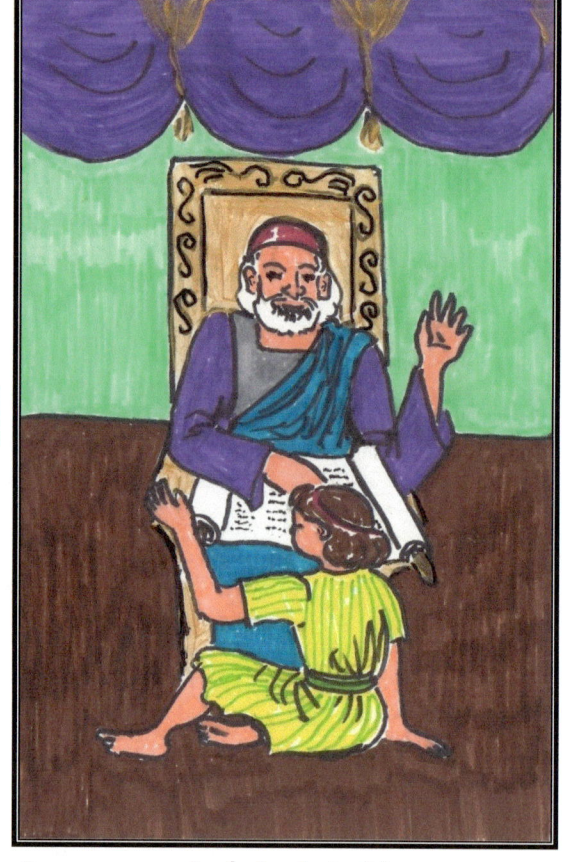

Pensamos que Jesús fue instruido por levitas en la sinagoga Lucas 2:40

A la edad de doce años, Jesús conocía e interpretaba las Escrituras con gran precisión
Lucas 2:46-49

140. Jesús quiso ser bautizado por Juan *"porque así conviene que cumplamos toda justicia."* Una voz del cielo confirmó que Jesús era el Hijo de Dios
Lea Mateo 3:13-17

141. Jesús tuvo victoria sobre todo pecado
Mateo 4:1, Hebreos 2:18, 4:15

142. **Jesús pasó mucho tiempo enseñando la Palabra de Dios** Mateo 5:1-2
(Se calculan unas 40 parábolas en los 4 evangelios)

143. **Una manera que Jesús mostró que Él era profeta de Dios fue al hacer tantos milagros, por ej., de sanidad. Al sanarlos físicamente, muchas veces les habló de la importancia de evitar el pecado. Así trajo con autoridad las nuevas palabras de Dios a la humanidad.**
Mateo 9:35-36 *(Se registra alrededor de 40 milagros en los 4 evangelios)*

JESUCRISTO...
EL CAMINO, LA VERDAD Y LA VIDA (Juan 14:6)

VINO EN FUNCIÓN DE:
1. **Profeta,** como Moisés (Deuteronomio 18:15)
2. **Maestro** que enseñó con autoridad
 (Marcos 1:22)
3. **Siervo** humilde y sufriente (Marcos 10:45)
4. **Sacerdote,** según el orden de Melquisedec
 (Hebreos 7:17-19)

VENDRÁ EN FUNCIÓN DE:
5. **Rey**, llamado hijo de David (Lucas 1:32-33)
6. **Juez** de todos (Hechos 10:42)

144

Jesús perdonó todo tipo de pecados
Juan 8:1-11

145

Siendo Maestro y Señor, mostró el valor de ser siervo al lavar los pies de sus discípulos Juan 13:12-15

146

Jesús mostró su autoridad sobre la muerte, resucitando por lo menos a tres personas:
1) el hijo de la viuda, 2) la hija de Jairo, 3) Lázaro
Lucas 7:12-15

147

Se piensa que Cristo murió cuando Tiberio era el emperador *(Juan 6:1 comenta que el Mar de Galilea cambió de nombre a Mar de Tiberias)*

148

Cristo es el sacerdote supremo. Él lleva a la gente a Dios por medio de su sacrificio extraordinario, Sacerdote según el orden de Melquisedec
Génesis 14:18-19, Salmo 110:4, y Hebreos 7:11-14

149

Jesús fue el Siervo Sufriente*, obediente hasta la muerte y voluntariamente ofreció su vida por los demás. Estableció la santa cena para conmemorar el nuevo pacto Mateo 26:26-28

---
* Isaías 53

150

Cristo enseñó acerca del gran amor de Dios. Mostró ese amor cuando murió como Cordero de Dios para quitar el pecado del mundo
Juan 1:29, Juan 3:16, Juan 19:17-19

151

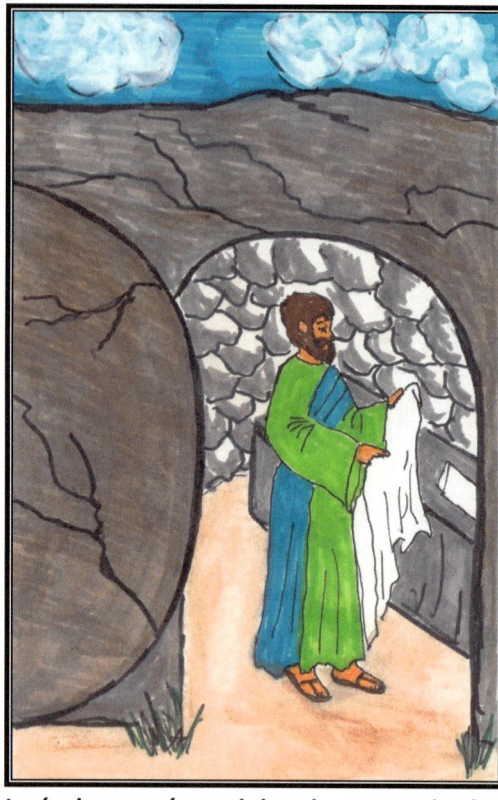

Jesús demostró su ministerio y mensaje al resucitar de los muertos. Juan examinó los lienzos de Jesús dejados en la tumba.
Juan 20:1-8

152

Después de su resurrección, Jesús apareció en múltiples ocasiones a sus discípulos durante 40 días. En el camino a Emaús, Jesús describió todas las escrituras del Antiguo Testamento que hacían referencia a ÉL   Lucas 24:13-35

153

Antes del subir al cielo, Jesús reveló que había resucitado como Rey de reyes, siendo que se le había sido dado toda potestad en la tierra y en el cielo. Entonces dio la Gran Comisión de ir a todas las naciones y hacer discípulos
Mateo 28:18-20

154

Luego Jesús dio instrucciones a sus discípulos de esperar la venida del Espíritu Santo para poder ser sus testigos. Al ascender al cielo, dos varones en vestiduras blancas dijeron que algún día vendría otra vez en la misma manera que había ascendido al cielo
Hechos 1:6-11

Cuando el Hijo del Hombre venga como Rey en su gloria, las naciones serán reunidas delante de su trono. Juzgará a las personas, apartando unas de otras, como un pastor aparta a las ovejas de los cabritos. También conquistará a todos sus enemigos

Mateo 25:31-34, Apocalipsis 17:14

156 — Mateo escribió su evangelio principalmente a los judíos

157 — Marcos escribió su evangelio principalmente a los romanos

158 — Lucas escribió su evangelio principalmente a los de habla griega en todo el mundo antiguo (Evangelio universal)

159 — Juan escribió su evangelio principalmente a los pensadores

Curso 6
Época de la Extensión de la Iglesia en el Mundo Antiguo

160 — Después de perseverar unánimes algunos días en oración y ruego, vino el Espíritu Santo sobre los discípulos
Hechos 1:14, 2:1-21

161 — Al predicar Pedro, tres mil fueron salvos… después otros cinco mil
Hechos 2:38-41, Hechos 4:4

162 — La población en Jerusalén en el primer siglo era entre 20 mil y más de un millón.* Tal vez hasta un tercio de la ciudad de Jerusalén se había convertido a la fe cristiana en pocos meses

163 — Satanás llenó el corazón de Ananías y Safira para mentir al Espíritu Santo e hipócritamente donar dinero a la iglesia
Hechos 5:1-11

* Población en Jerusalén en el primer siglo: A) 20 mil, esta cifra fue calculada por Hillel Geva basado en arqueología en el año 1994. B) La cifra de hasta un millón es según escritos del gran historiador judío Josefo del primer siglo. (Se aclara que la cifra de Josefo incluye visitas de judíos peregrinos que vivían fuera de Jerusalén y llegaban a los festivales).

164

Al quejarse las viudas griegas de no ser atendidas bien en la distribución diaria, la iglesia escogió a siete diáconos llenos del Espíritu Santo y sabiduría (con nombres griegos) para solucionar el problema. Así dejaron libres a los apóstoles para dedicarse a la oración y al ministerio de la palabra   Hechos 6:1-6

165

166

El diácono Felipe predicó el evangelio a los Samaritanos. Muchos se convirtieron. Luego Pedro vino a confirmarlos en la fe. Pedro acusó a Simón, el mago, por pensar que podría hacer comercio con los dones del Espíritu Santo
Hechos 8:5-20

El diácono Felipe ayudó al etíope a entender un pasaje de Isaías y le guió a que aceptara a Jesucristo. Fue bautizado   Hechos 8:26-39

167

El primer mártir cristiano, el diácono Esteban, fue apedreado cruelmente por haber explicado bien el evangelio a los de la sinagoga llamada de los libertos Hechos 6: 8-13, 7:54-60

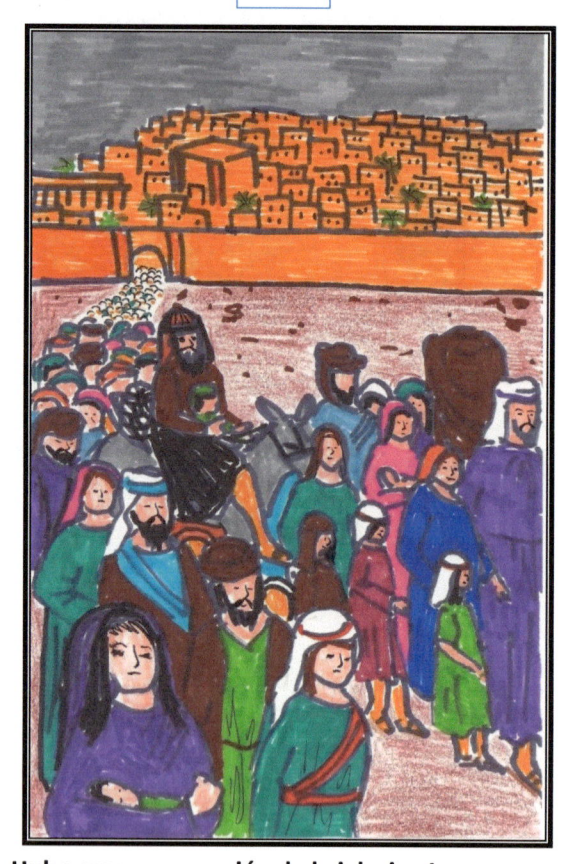

168

Hubo gran persecución de la iglesia. Los cristianos fueron esparcidos, pero los apóstoles permanecieron en Jerusalén Hechos 8:1

SANTIAGO

Autor: Santiago, también conocido como Jacobo, el medio hermano de Jesucristo *(Otros piensan que fue escrito por Jacobo, hijo de Alfeo, uno de los doce apóstoles)*
Fecha en que fue escrita: Tal vez entre 40 y 50 d.C.
Destinatarios: Se piensa que fue escrita a los judíos cristianos de la dispersión (los judíos que vivían fuera de Israel)
Contenido y ADR: *Santidad y obras de fe testifican de la salvación.* Santiago explica como debe actuar el cristiano.
Tema: Un verdadero cristiano se conoce por sus frutos.

169

Jesús apareció personalmente a Jacobo después de la resurrección I Corintios 15:1-7

Saulo, después conocido como Pablo, fue convertido en camino a Damasco, Siria. (Conversión de Pablo: tal vez en 35 d.C.) Llegó a ser el misionero a los gentiles
Hechos 9:1-15

Calígula, 37-41 d.C., emperador romano en ésta época

Pedro resucitó a Tabita también conocida como Dorcas en Jope Hechos 9:36-42

Pedro tuvo la visión de los animales inmundos y comprendió que los cristianos judíos podían tener compañerismo con los cristianos gentiles, aún podían comer en la misma mesa de ellos. Algunos judíos eruditos de nuestra época opinan que para los judíos que no recibieron a Jesús como Mesías, esto era un sacrilegio y causó una división definitiva entre judíos y cristianos Hechos 10:10-20

174

Pedro fue ayudado por un ángel a salir de una prisión bien custodiada Hechos 12:1-11

175

Claudio fue emperador durante el comienzo de cada uno de los tres viajes misioneros de Pablo. Claudio es mencionado en Hechos 11:28

176

Chipre

En el primer viaje misionero de Pablo, él llevó consigo a Bernabé y a Juan Marcos, pero este último desertó. Fueron a la isla de Chipre y a "Turquía central.*" El primer viaje misionero de Pablo es narrado entre Hechos 13:4 hasta 14:28, y tal vez ocurrió entre 47-48 d.C.

GÁLATAS
Autor: Pablo, posiblemente escribió dicha carta después de su primer viaje misionero y antes del Concilio de Jerusalén.
Fecha en que fue escrita: Alrededor de 48 a 50 d.C., supuestamente desde Antioquía de Siria
Destinatarios: A las iglesias establecidas en Galacia, actualmente en el centro de Turquía
Contenido y ADR: *Galardón de fe, y no por obras de la ley*
Tema: Pablo proclamó que la salvación es por la fe, y no por obras, y que nadie, ni aún un ángel puede contradecir esta verdad. También Pablo defendió su apostolado

---
* En este libro se hace mención del término TURQUÍA. En tiempos antiguos hubieron muchas ciudades y regiones mencionadas en la Biblia en lo que hoy día es la nación de Turquía (Algunos ejemplos: Cilicia, Asia Menor, Troas, Tarso, Antioquía de Pisidia, etc.)

177

En el Concilio de Jerusalén que presidió Jacobo, el medio hermano de Jesús, resumió: *"Por lo cual yo juzgo que no se inquiete a los gentiles que se convierten a Dios, sino que se les escriba que se aparten de las contaminaciones de los ídolos, de fornicación, de ahogado y de sangre."* Lea: Hechos 15: 19-22

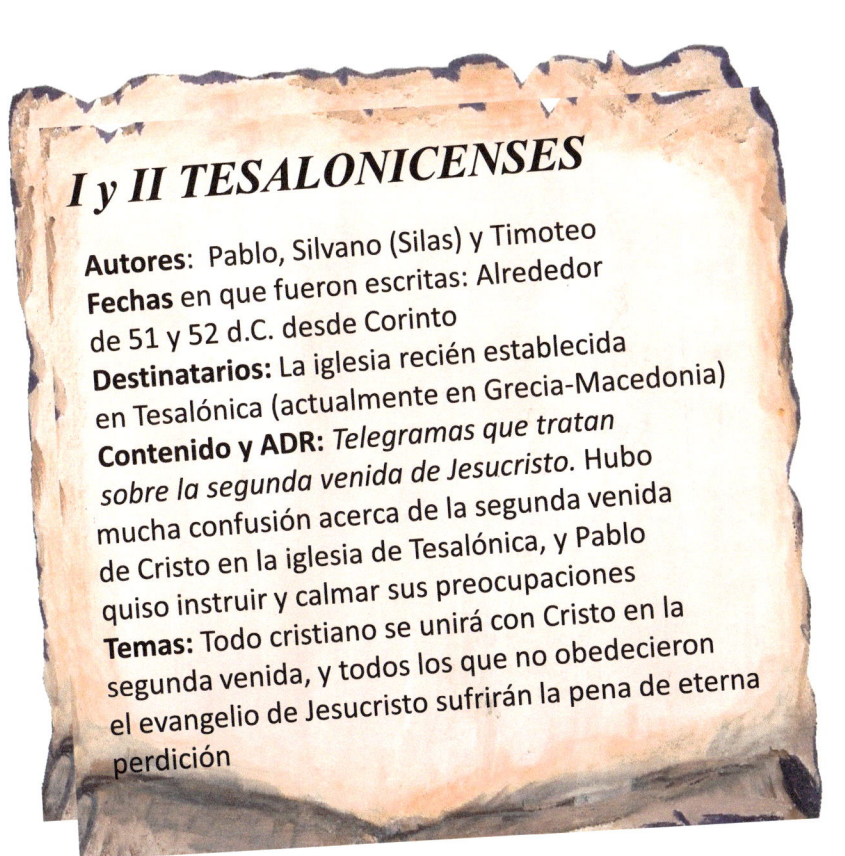

178

Segundo viaje misionero de Pablo: Eventualmente fue acompañado por Silas (Silvano), Timoteo y Lucas. Fueron a Turquía, Macedonia y Grecia. Dicho viaje inició desde Jerusalén. Fueron autorizados a compartir la decisión del Concilio. El segundo viaje misionero de Pablo es narrado entre Hechos 15:13 hasta 18:21 y tal vez ocurrió durante los años 51 a 53 d.C.

I y II TESALONICENSES

Autores: Pablo, Silvano (Silas) y Timoteo
Fechas en que fueron escritas: Alrededor de 51 y 52 d.C. desde Corinto
Destinatarios: La iglesia recién establecida en Tesalónica (actualmente en Grecia-Macedonia)
Contenido y ADR: *Telegramas que tratan sobre la segunda venida de Jesucristo.* Hubo mucha confusión acerca de la segunda venida de Cristo en la iglesia de Tesalónica, y Pablo quiso instruir y calmar sus preocupaciones
Temas: Todo cristiano se unirá con Cristo en la segunda venida, y todos los que no obedecieron el evangelio de Jesucristo sufrirán la pena de eterna perdición

179

En su tercer viaje misionero, Pablo fue acompañado parcialmente por Lucas, Timoteo, Sópater, Aristarco, Segundo, Gayo, Tíquico, Trófimo y tal vez Tito y Sóstenes. Fueron a Turquía, Macedonia y Grecia otra vez. El tercer viaje es narrado entre Hechos 18:22 hasta el 21:17. Este tercer viaje puede haber ocurrido entre 53-57 d.C.

I y II CORINTIOS

Autores:
I Corintios: Pablo y Sóstenes desde Éfeso
II Corintios: Pablo y Timoteo desde Macedonia
Fechas en que fueron escritas: Tal vez entre 54 a 56 d.C.
Destinatarios: La iglesia de Corinto (y los santos de Acaya)
Contenido y ADR: *Corrigiendo a los Corintios en sus problemas y pecados, y contestando a sus preguntas.* Dios había dicho a Pablo que tenía mucho pueblo en Corinto, pero estas personas que se convirtieron a Cristo tenían muchos problemas, porque donde vivían era una sociedad muy inmoral.
Temas:
I Corintios... ¡Arrepiéntanse y sean santos!
II Corintios... ¡Acepten mi apostolado y autoridad sobre ustedes!

ROMANOS

Autor: Pablo
Fecha en que fue escrita: Tal vez en 57 d.C., desde Corinto.
Destinatarios: Los cristianos en Roma, Italia.
Contenido y ADR: *Rotundamente superior es la justificación por la fe.*
Tema: Al tener Pablo la intención de visitar Roma, quería tener compañerismo con los cristianos allí, y pedir apoyo para una nueva iglesia que él quería establecer en España. Por eso él revela sus creencias de cómo funciona la salvación por medio de Cristo, una justificación por la fe.

180

Pablo fue arrestado en el templo en Jerusalén
Hechos 21: 27-33

181

En el puerto de Cesarea, Félix se incomodó con el mensaje de Pablo, sin embargo lo mandaba a traer para escucharle pensando que tal vez le diera dinero a cambio de la libertad
Hechos 24:25-26

182

Festo quería complacer a los acusadores de Pablo, por lo que le preguntó a él si iría a Jerusalén a ser juzgado... a lo que éste respondió: *"Apelo al César."* Más adelante, Festo dijo a Pablo que sus creencias en la resurrección de Jesucristo eran " locura," por haber estudiado demasiado. El apóstol respondió que estaba hablando con cordura y verdad
Lea Hechos 26: 24-25

183

Nerón reinaba en ésta época, 54-68 d.C.

184 Pablo trató de convencer a Berenice y Agripa (Herodes Agripa II) de que Jesús era el Mesías y "por poco" lo hace. Berenice y Agripa no encuentran a Pablo culpable de ningún delito
Hechos 25:23-25, 26:26-32

185 Como Pablo apeló a César, viajó por barco a Italia bajo custodia. En el trayecto el barco naufragó. Los 276 pasajeros pudieron nadar a la costa de la isla de Malta
Hechos 27:39-44, 28:1

186 Llegando a Roma Pabló pudo alquilar una casa, recibir y evangelizar a las visitas mientras lo custodiaban. Se piensa que aquí fue donde escribió las cartas a los efesios, los colosenses, los filipenses y a Filemón
Hechos 28:16, 23-31

MARCOS

Autor: Se piensa que fue Juan Marcos, el sobrino de Bernabé

Fecha en que fue escrito: Si es cierto que fue el primer evangelio escrito, tal vez fue entre 55-60 d.C.

Destinatarios: A todos los de la cultura romana

Contenido y ADR: *Marcando las acciones de Jesucristo*. Juan Marcos quiere evangelizar al pueblo romano, destacando las acciones poderosas de Jesús.

Tema: El hijo de Dios vino a servir poderosamente a la humanidad, y a dar su vida en rescate por todos.

EFESIOS

Autor: Pablo
Fecha en que fue escrita: Alrededor de 60-62 d.C., desde el arresto domiciliario en Roma
Destinatarios: La iglesia de Éfeso *(o fue una carta circular a las Iglesias de Asia Menor, en el occidente de Turquía moderna)*
Contenido y ADR: *Eficiente es la predestinación del individuo, y de la iglesia, para poder ser instrumento de Dios en el mundo.*
Tema: El glorioso propósito de Dios al crear una nueva sociedad de los escogidos entre el pueblo judío junto con los escogidos de las naciones gentiles.

COLOSENSES

Autores: Pablo y Timoteo
Fecha en que fue escrita: Alrededor de 60-62 d.C., desde el arresto domiciliario en Roma.
Destinatarios: La iglesia de Colosas, en el centro occidente de Turquía moderna
Contenido y ADR: *Colocando a Cristo en el corazón es la única vía de salvación, y así se contrarresta al incipiente gnosticismo.*
Tema: Conocimientos secretos o ritos religiosos no son eficaces para salvar la vida, solamente la persona de Cristo puede salvar.

FILEMÓN

Autores: Pablo y Timoteo
Fecha en que fue escrita: Alrededor de 60-62 d.C. desde el arresto domiciliario en Roma
Destinatarios: a Filemón de la iglesia de Laodicea, (en el centro occidental de Turquía moderna) quien era dueño del esclavo nombrado Onésimo
Contenido y ADR: *Fianza de Pablo por cualquier deuda de Onésimo.* Onésimo había escapado de su dueño Filemón, y llegó a Roma. Allí conoció a Pablo y a Cristo. Pablo pide de su amigo Filemón clemencia por Onésimo.

FILIPENSES

Fecha en que fue escrita: Se piensa que alrededor de 60-62 d.C., desde el arresto domiciliario en Roma *(pero hay otras teorías de peso)*
Destinatarios: La iglesia de Filipos, en Grecia-Macedonia (moderna)
Contenido Y ADR: *Piense positivo, tenga el gozo y la mente de Cristo*
Temas: Pablo destaca algunos valores cristianos como el amor, el gozo, la unidad, generosidad y pureza de pensamiento

---

Las Cartas de Casa Cárcel : escritas por Pablo en Roma bajo arresto domiciliario... Efesios, Colosenses, Filemón y tal vez Filipenses

LUCAS
Autor: Lucas
Fecha en que fue escrito: Se piensa en el año 62 d.C., desde Roma, Italia
Destinatario(s): Teófilo *(o a los que aman a Dios)*
Contenido y ADR: *Lucir lo universal del evangelio*. El evangelio de Lucas es el narrativo más largo y detallado de la vida de Jesucristo que tenemos en el Nuevo Testamento.
Temas: Jesús, el Hijo de Hombre y el Hijo de Dios, constantemente mostró su amor a todos los que Él encontraba en su camino diario mientras vivía en esta tierra. Mostró su amor por nosotros al morir crucificado.

HECHOS
Autor: Lucas
Fecha en que fue escrito: Se piensa en el año 63 d.C., desde Roma, Italia
Destinatario(s): Teófilo *(o a los que aman a Dios)*
Contenido y ADR: *Hechos del Espíritu Santo a través de los discípulos para establecer iglesias*. Se explica como el Espíritu Santo guiaba a los apóstoles y otros discípulos a derrotar barreras geográficas, religiosas, raciales, y socio-económicas para fundar iglesias en el mundo antiguo.
Tema: Los cristianos son capacitados para vencer el pecado y las fuerzas de Satanás así como para establecer iglesias en todo el mundo.

188

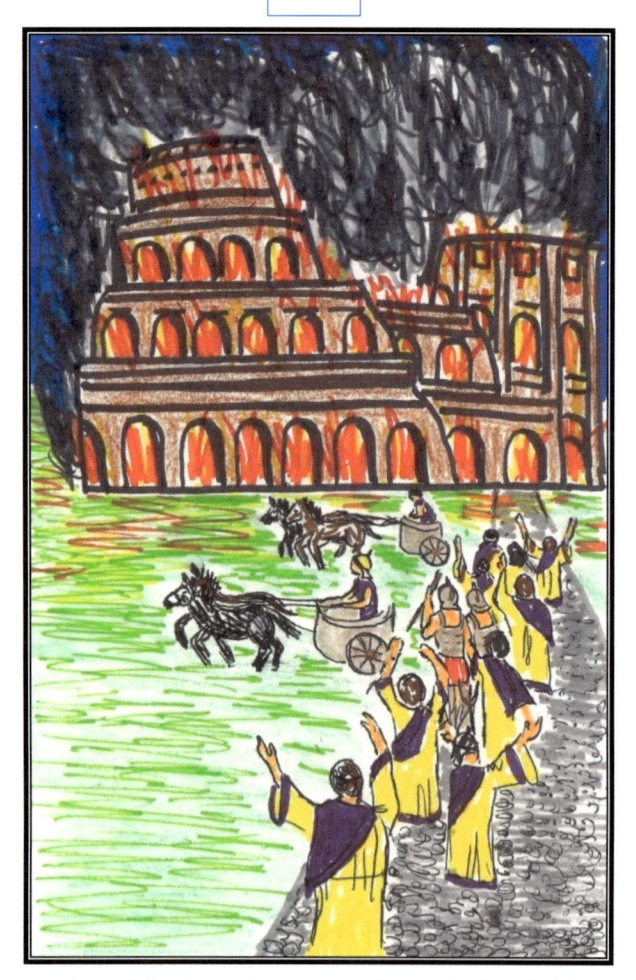

La ciudad de Roma fue quemada en el año 64 d.C. Algunos acusaron a los cristianos de haberlo hecho, y otros acusaron a Nerón. Después el emperador edificó Roma más bella que nunca y a su propio palacio lo llamó *"Casa de Oro."*

I y II PEDRO
Autor: Simón Pedro el apóstol
Fechas en que fueron escritas:
I de Pedro: Se piensa en el año 63 d.C.
II de Pedro: Se piensa en el año 64 d.C.
Destinatarios:
I de Pedro: A los expatriados en la dispersión
II de Pedro: A los que alcanzaron una fe preciosa
Contenido y ADR:
I de Pedro: *Pedro prepara al pueblo de Dios para las pruebas, persecuciones y padecimientos.*
II de Pedro: *Pedro prepara al pueblo de Dios para el engaño de los profetas falsos, y para la parusía del Señor*
Temas: Además de los temas mencionados en los ADR, se puede añadir las relaciones cristianas en la iglesia y en el hogar, también el ciclo progresivo de las virtudes

JUDAS

Autor: Judas, el hermano de Jacobo y medio hermano de Jesús *(Otra teoría es que el autor fue el apóstol Judas Tadeo)*
Fecha en que fue escrita: Tal vez durante la década de los 60 d.C.
Destinatarios: Los llamados santificados
Contenido y ADR: *"Juzgará Dios a los impíos infiltrados en la iglesia"*
Tema: La iglesia debe estar preparada para enfrentar a los falsos profetas que se infiltran en ella

Judas citó a Enoc quien habló de la venida del Señor con sus miríadas (millares) de santos para hacer juicio Judas 1:14-15

Supuesto Cuarto Viaje Misionero de Pablo

En la carta a los romanos Pablo les informó que tenía deseos de empezar una misión en España. Varios años después en la carta a Filemón, él pidió que le prepararan alojamiento. Así que muchos eruditos piensan que después de ser liberado del arresto domiciliario, Pablo hizo otro viaje donde visitó iglesias establecidas anteriormente y también empezó obra nueva en España. En este viaje aparentemente escribió una carta a Tito y otra a Timoteo

TITO

Autor: Pablo
Fecha en que fue escrita: Tal vez en el año 64 d.C.
Destinatario: Tito, compañero griego de Pablo, quien fue enviado a Creta
Contenido y ADR: *Tito, trabaja con la iglesia en Creta, escogiendo líderes aptos.*
Tema: La sana doctrina lleva a relaciones sanas en la iglesia y en el hogar.

Pablo le encargó a Tito que pusiera en orden a las iglesias en Creta. Tito 1:1-5

Pablo le encargó a Timoteo que pusiera en orden a la iglesia en Éfeso
I Timoteo 1:3, 3:1-7

I TIMOTEO
Autor: Pablo
Fecha en que fue escrita: Tal vez en el año 64 d.C., desde Macedonia
Destinatario: Timoteo
Contenido y ADR: *Timoteo, trabaja con la iglesia en Éfeso, escogiendo líderes aptos. Aunque eres joven, no seas tímido.*
Temas: Además de poner en orden a esta iglesia, Timoteo, siendo líder, necesitó aprender como tratar con respeto a cada grupo de la iglesia

Algunos eruditos piensan que Pablo fue arrestado de nuevo en Troas y llevado a Roma. En su segunda carta a Timoteo, escrita mientras sufría en prisión romana, Pablo pidió que Timoteo le trajera algunas cosas que dejó en Troas (hoy Turquía) II Timoteo 4:13

Pablo escribió la segunda carta a Timoteo y comenta que sufrió penalidades, a modo de malhechor. Dice: *"estoy para ser sacrificado, y el tiempo de mi partida está cercano."* **Por eso piensan los eruditos que Pablo presentía que le iban a juzgar culpable en el siguiente tribunal**
Lea II Timoteo 2:9, 4:6

II TIMOTEO

Autor: Pablo
Fecha en que fue escrita: Tal vez en el año 67 d.C., desde una cárcel en Roma, Italia
Destinatario: Timoteo
Contenido y ADR: *Timoteo, trata de seguir mi ejemplo. No tardes en venir, porque el tiempo de mi partida está cerca.*
Temas: Además de lo descrito en el ADR, Pablo exhorta a Timoteo a predicar y usar bien la Escritura, que es inspirada por Dios y útil.

MATEO

Autor: Mateo, cuyo otro nombre era Leví, cobrador de impuestos
Fecha en que fue escrito: Se piensa antes del año 68 d.C.
Destinatario: El pueblo judío
Contenido y ADR: *Manifestando al Mesías entre los judíos.*
Tema: Mateo constantemente cita el Antiguo Testamento para convencer a los judíos que Jesucristo era el Mesías.

194

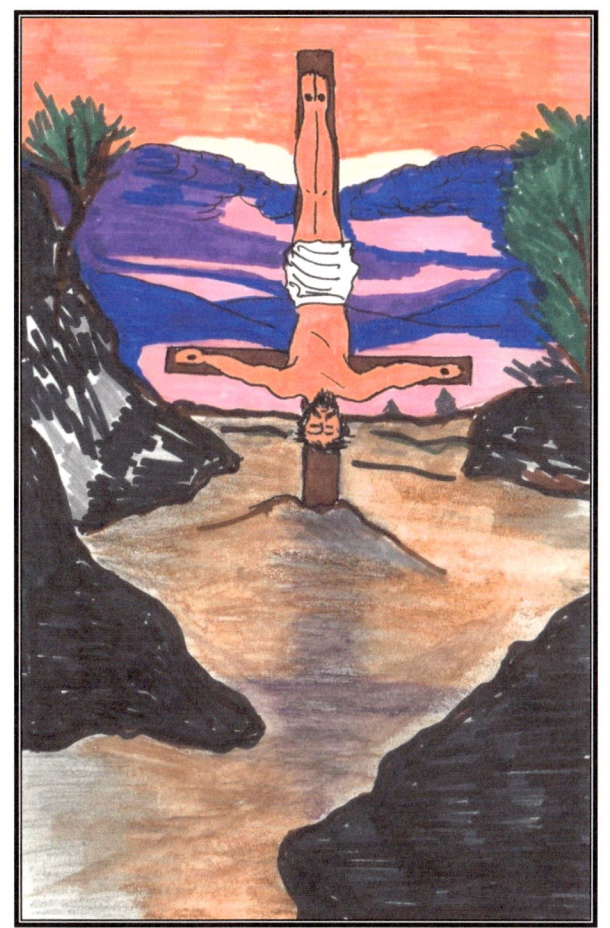

Según tradición confiable, Pedro fue crucificado con la cabeza para abajo   Juan 21:17-19

195

Según tradición confiable, decapitaron a Pablo en el año 67 d.C. por mandato de Nerón. Forzosamente Nerón cometió suicidio en el año 68 d.C.

El misterio del autor del libro de los Hebreos: En 13 cartas registradas en la Biblia, Pablo se identificaba al inicio como el autor. Esto no es el caso del libro a los Hebreos. Además, el griego es superior que en cualquier otra de estas cartas. Por esta razón, desde el principio de la iglesia antigua, ha habido dudas de quién escribió este libro a los Hebreos. ¿Será Pablo?

¿O será... Lucas, o Bernabé o Apolos o Clemente o Priscila y Aquila?

HEBREOS

Autor: Desconocido (No está firmado)
Fecha en que fue escrita: Se piensa durante la década de los 60 d.C.
Destinatarios: Algunos judíos que se habían convertido al cristianismo quienes estaban contemplando volver al judaísmo tradicional
Contenido y ADR: ¡Hebreos cristianos, no vuelvan atrás! El autor severamente advirtió a los hebreos de las consecuencias de abandonar la fe en Jesucristo, el Hijo de Dios.
Temas: La superioridad de Cristo y el cristianismo sobre la ley y el judaísmo.

Vespasiano reinó del
69-79 d.C.

199 En el año 70 d.C., el Templo de Herodes fue quemado y completamente destruido por los romanos. Solamente dejaron la pared del atrio exterior que hoy se llama el "Muro de los Lamentos"

200 Exactamente como había dicho Jesús, no quedó piedra sobre piedra, porque los soldados romanos buscaban derretir y extraer el oro entre piedras del templo.
Mateo 24:1-2

201 Masada era un refugio palacial en el desierto que Herodes construyó para sí mismo. En el año 73 d.C., 936 judíos rebeldes cometieron suicidio para no rendirse a los romanos. Sin embargo, Flavio Josefo, el gran historiador, evadió el suicidio y sobrevivió para contar la historia

202 79 d.C. El volcán Vesubio destruyó la ciudad de Pompeya en Italia

EL EVANGELIO DE JUAN

Autor: Aunque no haya sido nombrado en el narrativo, es obvio que fue Juan el apóstol
Fecha en que fue escrito: Probablemente en la década de los 80 d.C.
Destinatarios: Los "pensadores e intelectuales" de la erudición griega
Contenido y ADR: *Juan juiciosamente reflexiona sobre la vida y muerte del Salvador del mundo, Jesucristo*
Tema: Cuidadosamente Juan fue seleccionando pocos eventos y dichos de Jesús, a los cuales le fue agregando significado espiritual y el simbolismo de éstos.

Tito se casó con Berenice y reinó entre 79 y 81 d.C.

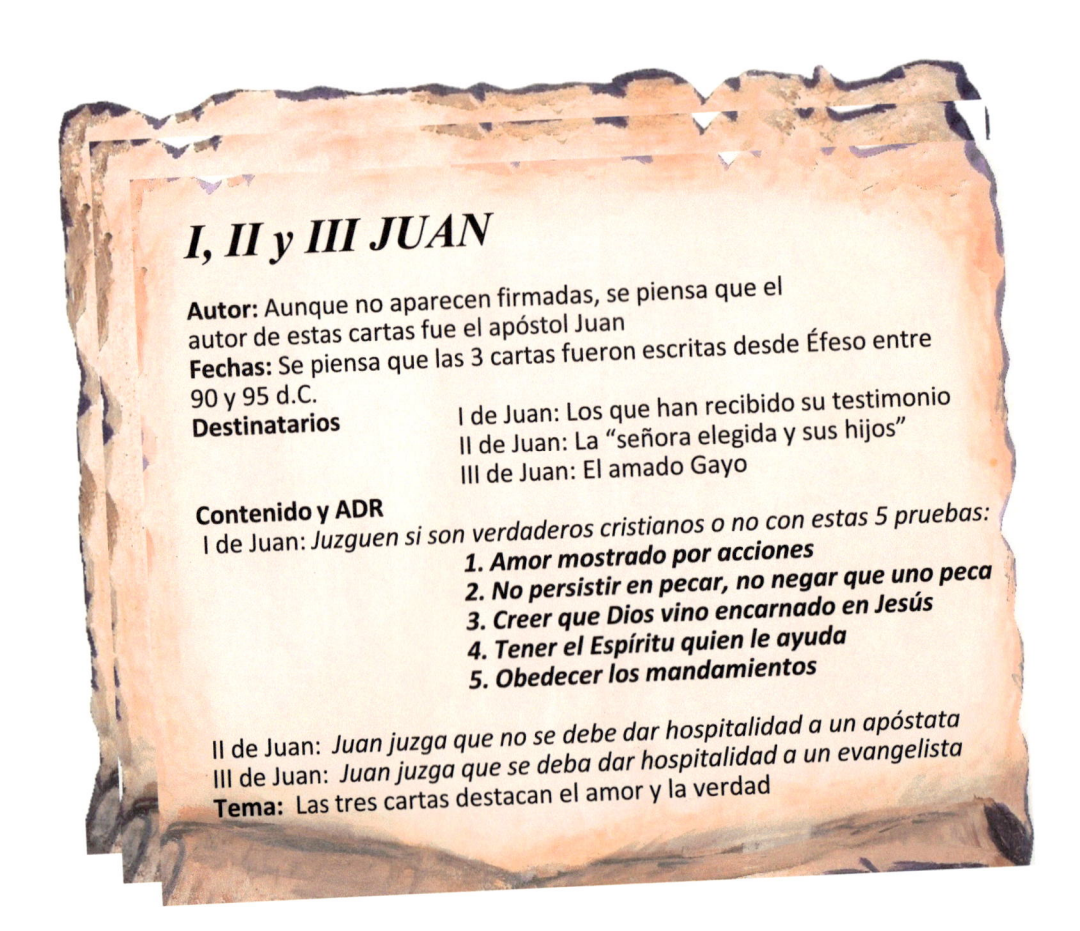

I, II y III JUAN

Autor: Aunque no aparecen firmadas, se piensa que el autor de estas cartas fue el apóstol Juan
Fechas: Se piensa que las 3 cartas fueron escritas desde Éfeso entre 90 y 95 d.C.
Destinatarios
 I de Juan: Los que han recibido su testimonio
 II de Juan: La "señora elegida y sus hijos"
 III de Juan: El amado Gayo

Contenido y ADR
 I de Juan: *Juzguen si son verdaderos cristianos o no con estas 5 pruebas:*
  1. Amor mostrado por acciones
  2. No persistir en pecar, no negar que uno peca
  3. Creer que Dios vino encarnado en Jesús
  4. Tener el Espíritu quien le ayuda
  5. Obedecer los mandamientos

 II de Juan: *Juan juzga que no se debe dar hospitalidad a un apóstata*
 III de Juan: *Juan juzga que se deba dar hospitalidad a un evangelista*
Tema: Las tres cartas destacan el amor y la verdad

El apóstol Juan fue desterrado a la isla de Patmos. Fue allí en donde recibió la revelación de Jesucristo, en visiones, por medio de un ángel   Apocalipsis 1:1, 1:9

Domiciano reinó entre 81 y 96 d.C.

APOCALIPSIS
Autor: La revelación de Jesucristo que le fue dada al apóstol Juan
Fecha en que fue escrita: Se piensa que fue en el año 96 d.C., desde la isla de Patmos, en donde Juan fue exiliado por Domiciano. *(Otra teoría viable es que Apocalipsis se escribió mucho antes, mientras todavía vivía Nerón...)*
Destinatarios: Las siete iglesias de Asia Menor (Turquía occidental moderna)
Contenido y ADR: *Poderoso es Dios para apoderarse de la historia humana y sujetarla a la exaltación de Jesucristo*
Temas: Antes que Cristo venga en su reino, habrán muchas tribulaciones para el pueblo de Dios, pero Él sigue en control, siempre será fiel a su Palabra, y será un juez justo.

Lista de los Emperadores Romanos:

(Julio César 45-44 a.C. "Dictador perpetuo:)

Augusto César*	27 a.C. a 14 d.C.	41 años
Tiberio	14-37 d.C.	23 años
Calígula	37-41 d.C.	4 años
Claudio	41-54 d.C.	14 años
Nerón	54-68 d.C.	14 años
Galba, Otón, Vitelio	69 d.C.	1 año
Vespasiano	69-79 d.C.	10 años
Tito	79-81 d.C.	2 años
Domiciano	81-96 d.C.	15 años

*Además de los 41 años como "emperador", Octavio anteriormente había ejercido mucho poder en el triunvirato. Octavio se auto nombró "Augusto" y ejerció poder por **más de 50 años.**

El fin del Nuevo Testamento. *"Yo testifico a todo aquel que oye las palabras de la profecía de este libro: Si alguno añadiere a estas cosas, Dios traerá sobre él las plagas que están escritas en este libro. Y si alguno quitare de las palabras del libro de esta profecía, Dios quitará su parte del libro de la vida, y de la santa ciudad y de las cosas que están escritas en este libro."*
Lea Apocalipsis 22:18-19

207

Mañana mismo, empieza a leer toda la Biblia nuevamente, y sigue leyéndola o sea hasta morir o hasta que regrese el Señor Jesús. Recuerda que Dios nos habla a través de su Palabra.

No pierdas la oportunidad de hacer una reutilización de las ilustraciones contenidas en este libro. Utiliza este libro para enseñar las historias bíblicas a los niños.

Datos biográficos

MaryEllen Graves es maestra de Biblia e ilustradora profesional; fue comisionada para dibujar todas las ilustraciones de este libro. Nació en 1941. Ella aceptó a Jesucristo en su vida a la edad de siete años. Fue criada en Saint Paul, Minnesota. Allí asistía a una iglesia presbiteriana. Se graduó de la Universidad de Nebraska, y fue maestra de escuela primaria por nueve años.

MaryEllen y Claudia (la autora de **Panorama Histórico de la Biblia: Un estudio integral y cronológico**) se conocieron en Gateway Church, una iglesia en El Cajón, al sur de California. El hermano de Claudia, Mark Jappe, es el pastor de Gateway. MaryEllen asistía a un estudio bíblico del papá de Claudia. Tanto MaryEllen como Claudia piensan que colaborar juntas en este proyecto fue obra de Dios.

Como maestra de Biblia, MaryEllen ha enseñado varios cursos, incluyendo los siguientes:
- The Twelve Apostles
- Major and Minor Prophets
- The Life of Paul
- Angels in the Bible
- Apologetics

MaryEllen es casada con Robert James Taylor. Ellos residen en Saint Charles, Missouri. Los dos hijos adultos son Wendy y Daniel. MaryEllen dice que *"Creer en Dios hace la vida más bella."* (*"Believing in God makes life wonderful."*)

Al dibujar, MaryEllen consultó tanto las narraciones en la Biblia, como fuentes de información de historia secular, incluyendo imágenes de personajes famosos en monedas o estatuas, y tipo de vestimenta.

Claudia Jappe-Gómez es misionera y autora de PHB. Ella nació en 1954 y aceptó a Jesucristo a la edad de cinco años. Fue criada en San Diego, California y allí asistió en una iglesia bautista. Estudió en *California Baptist University,* en Riverside, California y se graduó de *San Diego State University*. Además, estudió en *Southwestern Baptist Theological Seminary* en Fort Worth, Texas mientras su esposo, Leslie Gómez, obtuvo el doctorado en música allí mismo. Tienen dos hijos adultos: Su hijo, Gabriel, quién se casó con Emily, y su hija, Lydia.

Claudia tiene más de 35 años de enseñar y desarrollar **PHB**. Ha enseñado el curso en tres países: EE.UU., México y Costa Rica. Ha entrenado a otros a enseñarlo, y junto con todo su equipo son más de quinientas personas las que han tomado el curso.

Publicar esta Línea de Tiempo Ilustrada de PHB ha sido el sueño de décadas por fin cumplido. Claudia cree que se puede entender y memorizar la cronología de la Biblia mucho mejor con una ayuda visual como esta. El lema de Claudia es "LEER PARA CREER HASTA OBEDECER."